Spiral to Infinity Steve Allen

"Fractal images are often made up of small images-within-images, constantly repeating and going smaller and smaller."– Steve Allen

Cuaderno de actividades

Investigations

IN NUMBER, DATA, AND SPACE®
en español

PEARSON Scott Foresman
scottforesman.com

Oficinas editoriales: Glenview, Illinois • Parsippany, Nueva Jersey • Nueva York, Nueva York
Oficinas de ventas: Boston, Massachusetts • Duluth, Georgia
Glenview, Illinois • Coppell, Texas • Sacramento, California • Mesa, Arizona

TERC

The Investigations curriculum was developed by TERC, Cambridge, MA.

NSF

This material is based on work supported by the National Science Foundation ("NSF") under Grant No. ESI-0095450. Any opinions, findings, and conclusions or recommendations expressed in this material are those of the author(s) and do not necessarily reflect the views of the National Science Foundation.

ISBN: 0-328-29618-X

ISBN: 978-0-328-29618-7

6 7 8 9 10-V031-15 14 13 12 11 10 09
CC:N2

GRADO 1 CONTENIDO

Spiral to Infinity Steve Allen

"Fractal images are often made up of small images-within-images, constantly repeating and going smaller and smaller." – Steve Allen

Investigations

IN NUMBER, DATA, AND SPACE®
en español

Cuaderno de actividades

¿Cuántos hay de cada uno?

UNIDAD 1

¿Cuántos hay de cada uno?

Investigación 1

Investigación 2

Investigación 3

Investigación 4

Nombre Fecha

¿A dónde va?

¿En qué recipiente pondrías cada figura?

Escribe la letra del recipiente debajo de la figura.

NOTA Los estudiantes clasifican los siguientes materiales de matemáticas: (a) **cubos conectables,** que son cubos plásticos de varios colores que se conectan unos con otros; (b) **bloques de patrón,** que consisten en seis figuras: hexágonos, trapecios, triángulos, cuadrados y rombos; y (c) **Geoblocks,** que son figuras tridimensionales.

MME **66**

1. 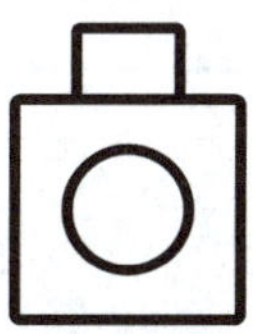

____

2. 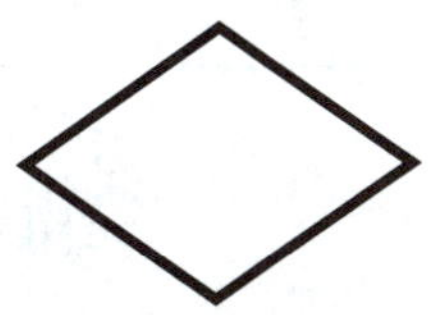

____

3. 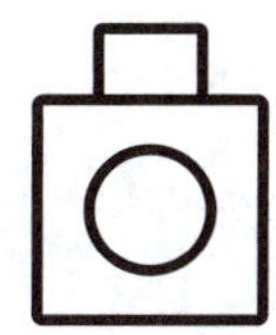

____

4. 

____

5. 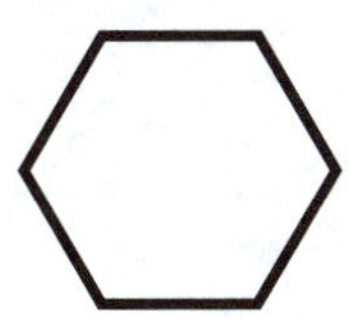

____

6. 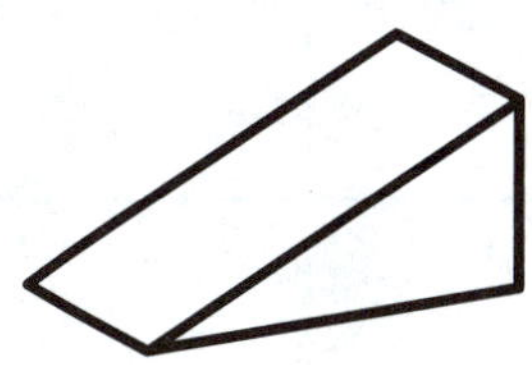

____

7. 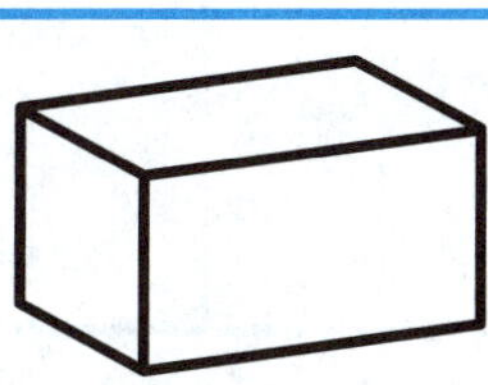

____

8. 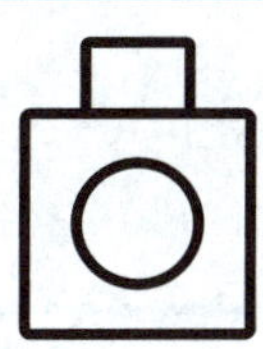

____

Usar un calendario

Este calendario es para ti. Complétalo con el mes y las fechas.

Luego busca un lugar en tu casa para colgarlo.

NOTA Los estudiantes practican cómo anotar datos y crear, leer y usar un calendario como un instrumento para llevar la cuenta del tiempo.

MME **17, 18, 19**

____

Nombre del mes

Domingo	Lunes	Martes	Miércoles	Jueves	Viernes	Sábado

Días especiales

______________________ ______________________

¿Cuántas manzanas?

Había 7 manzanas en cada árbol. Algunas cayeron. Escribe cuántas manzanas quedan todavía en el árbol y cuántas cayeron.

NOTA Los estudiantes practican cómo contar y descomponer un número en dos partes (ej., 7 = 4 + 3)

1.

Quedan ____ Cayeron ____

2.

Quedan ____ Cayeron ____

3.

Quedan ____ Cayeron ____

4.

Quedan ____ Cayeron ____

5.

Quedan ____ Cayeron ____

6.

Quedan ____ Cayeron ____

Contar 20

NOTA Los estudiantes cuentan diferentes grupos de objetos hasta 20.

MME 21–23

1. Colorea 20 cubos.

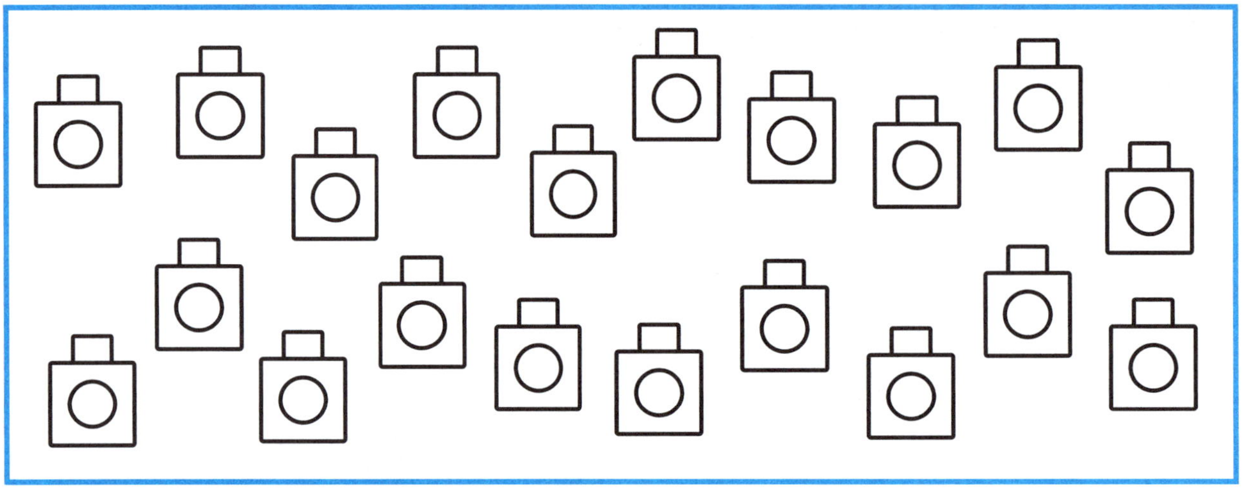

2. ¿Cuántas flores hay?

Hay _______ flores.

Repaso continuo

3. Observa el patrón. ¿Cuántas fichas blancas hay?

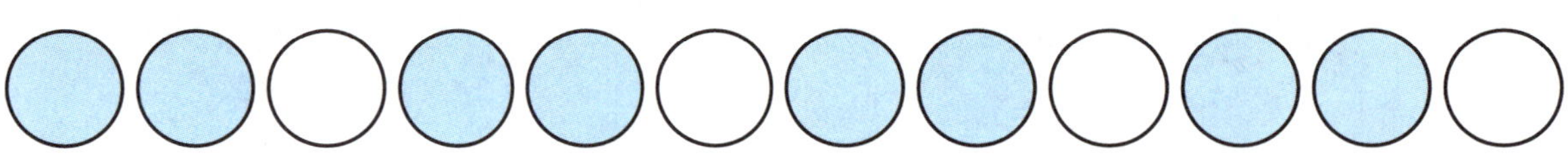

12	8	5	4
(A)	(B)	(C)	(D)

Nombre Fecha

¿Qué es?

Conecta los cubos.
Cuenta del 1 al 20.

NOTA Los estudiantes practican cómo contar e identificar números del 1 al 20.

MME **6–8, 21**

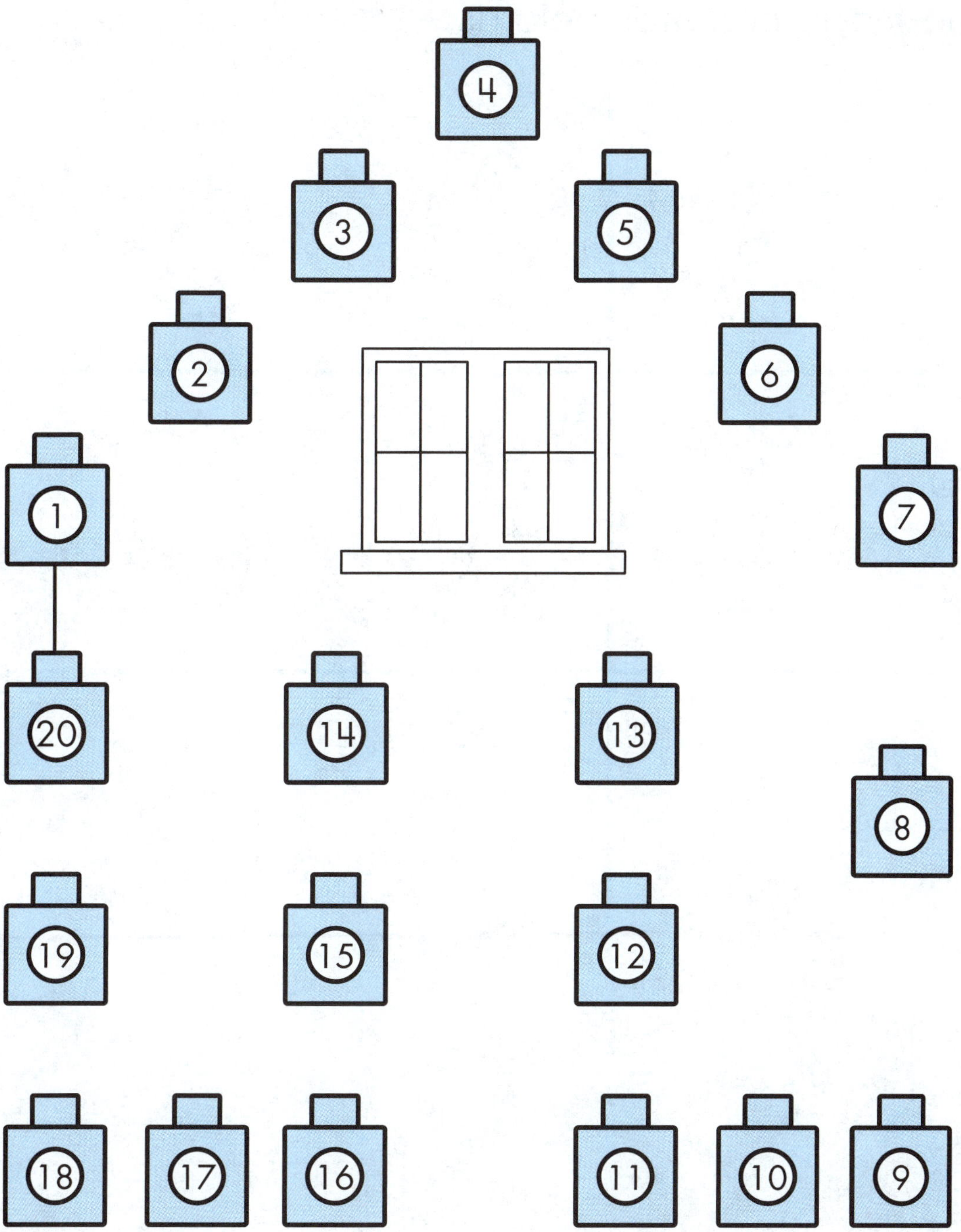

Hice un(a) ________ con ________ cubos.

¿Qué número es más grande?

En cada dibujo, encierra en un círculo al payaso que juega con más pelotas.

NOTA Los estudiantes comparan dos números e identifican el más grande.

MME 6–7, 21–23

1.

2.

3.

4.

5.

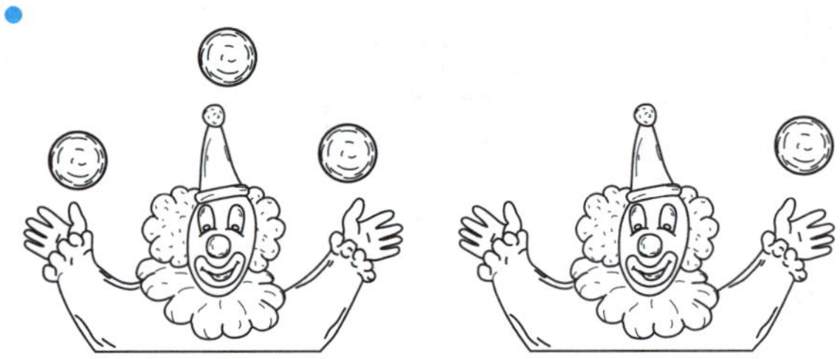

6.

Nombre Fecha

Cajas misteriosas

Elige una caja misteriosa. Cuenta los objetos que hay dentro.

Conté las cosas que hay en

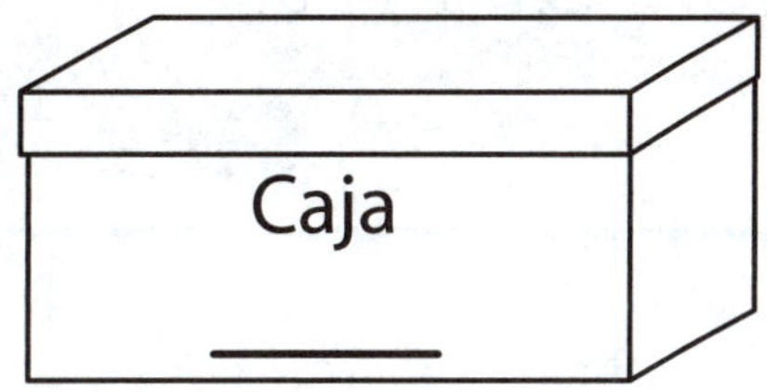

Esto es lo que encontré.

Nombre Fecha

Hacer una escalera

Colorea los cuadrados para hacer una escalera. Luego pon esta página cabeza abajo. ¿Qué ves?

NOTA Los estudiantes practican cómo identificar números del 1 al 12 y contar las cantidades que esos números representan.

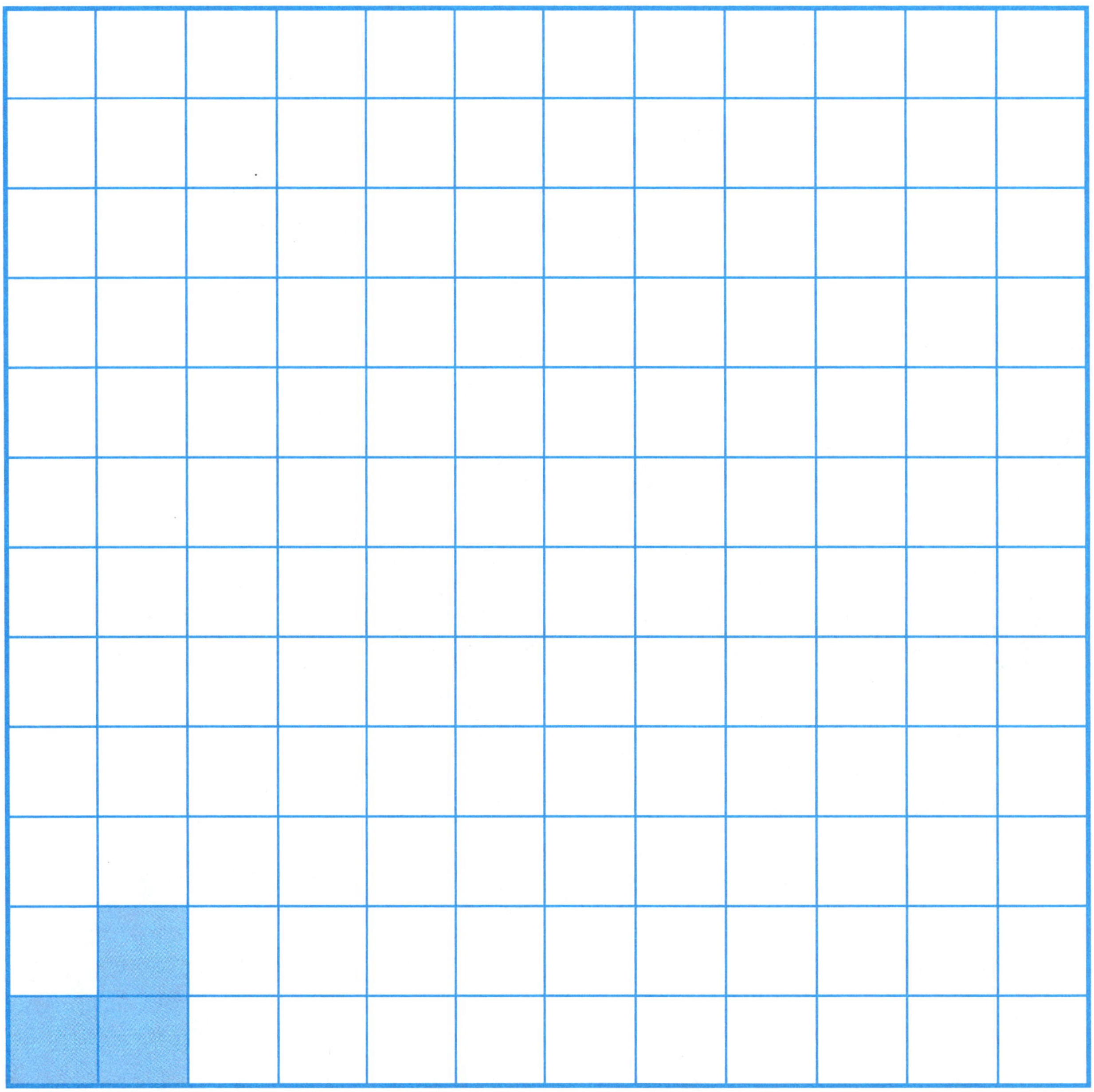

1 2 3 4 5 6 7 8 9 10 11 12

Nombre Fecha

¿Cuántos hay de cada uno? **Práctica diaria**

Comparar

Imagina que estás jugando a *Comparar.*

Encierra en un círculo la tarjeta que tiene más.

> **NOTA** Los estudiantes comparan dos números y deciden qué cantidad es mayor.
>
> **MME** J2

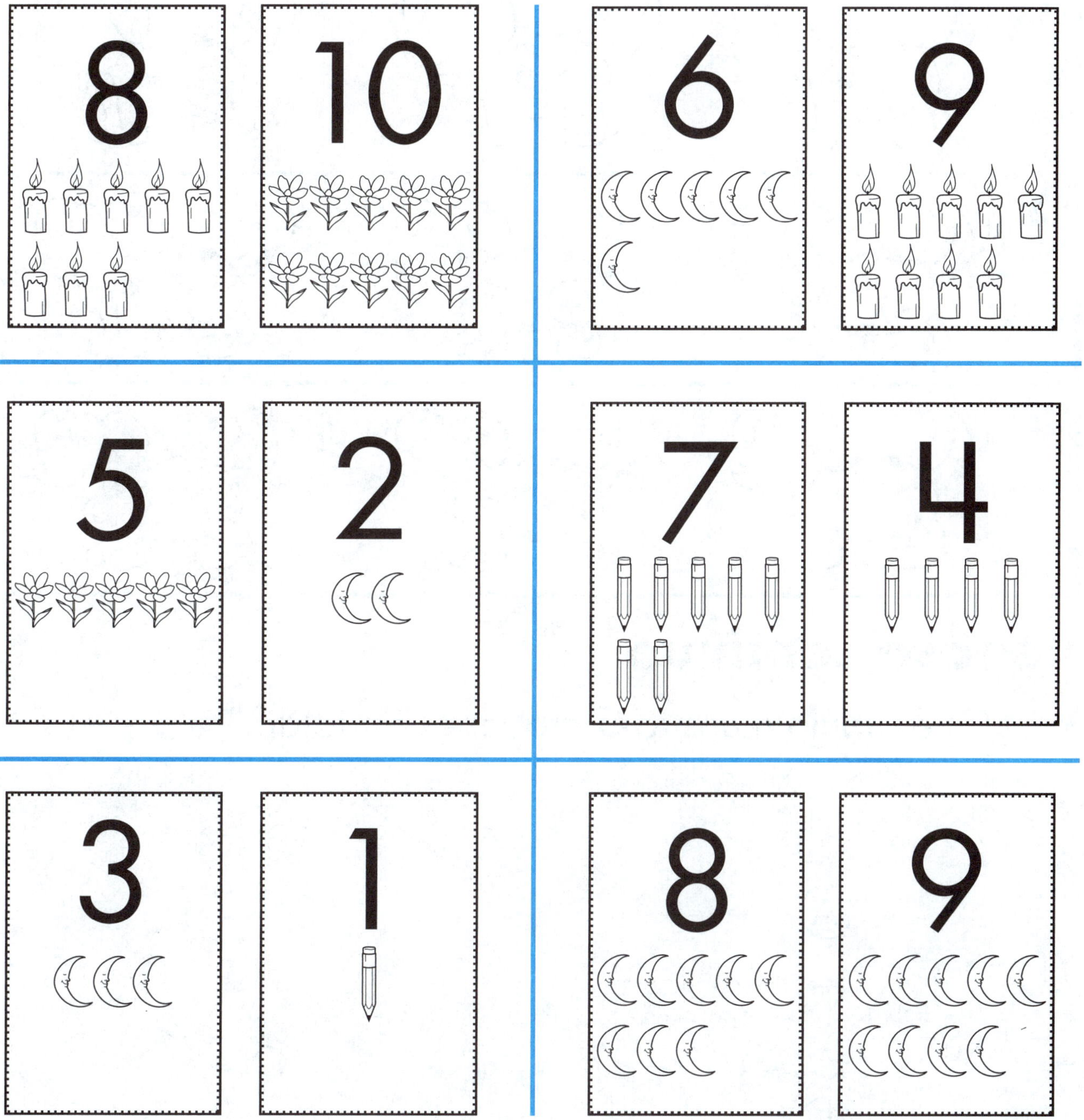

Nombre Fecha

Más manchas

Encierra en un círculo al cachorro de la derecha que tenga más manchas que el cachorro de la izquierda.

NOTA Los estudiantes comparan cantidades para decidir cuál es mayor.

MME 21–23

Repaso continuo

4. ¿Qué dibujo muestra 5 crayones en total?

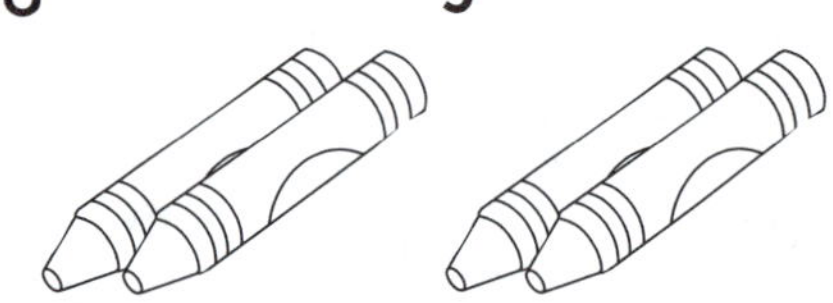

Ⓐ

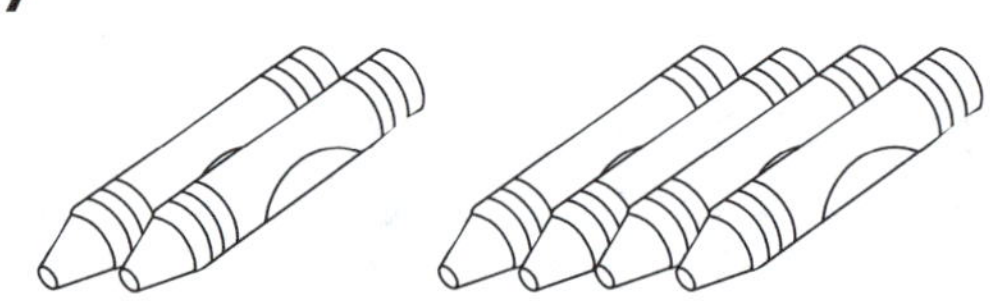

Ⓒ

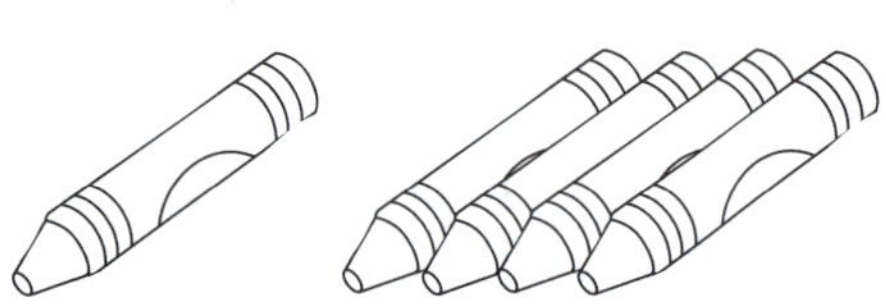

Ⓑ

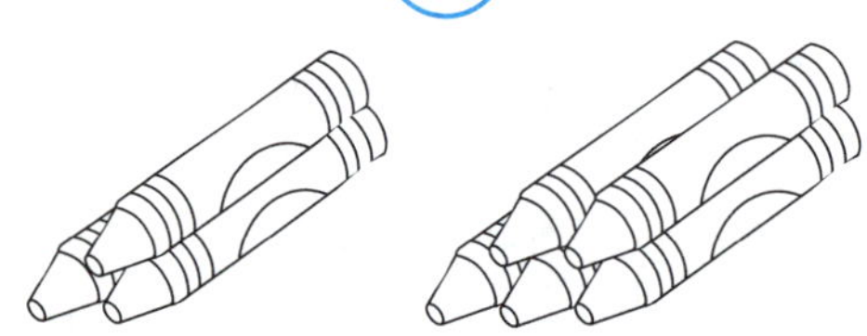

Ⓓ

Nombre Fecha

Jugar a *Comparar* en el hogar 1 (página 1 de 2)

NOTA Su niño(a) trajo materiales para jugar a un juego con alguna persona de la casa. Anímelo(a) a explicar cómo se juega. Por favor, ayude a su niño(a) a completar y devolver esta hoja.

MME 21–23, 24

Juega a *Comparar* con alguna persona de tu casa. Tú y tu pareja dan vuelta una tarjeta cada uno. Escriban los números. Encierren en un círculo la tarjeta con el número más grande. Las primeras tarjetas muestran lo que hay que hacer.

Mi tarjeta	La tarjeta de mi pareja	Mi tarjeta	La tarjeta de mi pareja
7	3	____	____
____	____	____	____
____	____	____	____

Nombre Fecha

¿Cuántos hay de cada uno?

Tarea

Jugar a *Comparar* en el hogar 1 (página 2 de 2)

Mi tarjeta	La tarjeta de mi pareja	Mi tarjeta	La tarjeta de mi pareja

Empezar en/Llegar a

NOTA Los estudiantes practican cómo escribir números y contar.

MME 26, 31

Escribe los números que faltan en la recta numérica.

Éste es un ejemplo.

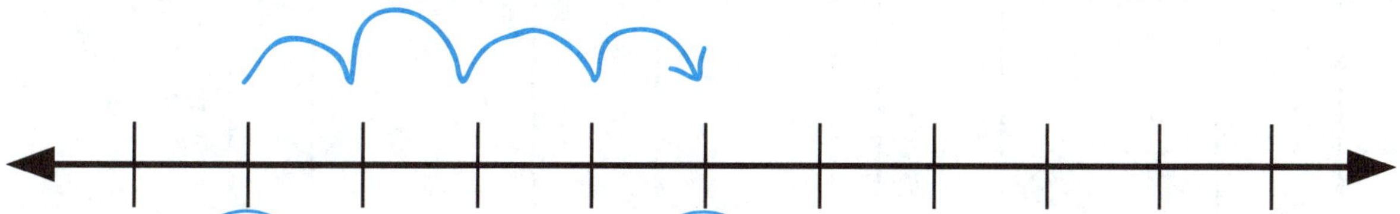

0 (1) 2 3 4 (5) 6 7 8 9 10

Empezar en Llegar a

Inténtalo.

0 (1) 2 ___ ___ ___ ___ ___ (8) 9 10

Empezar en Llegar a

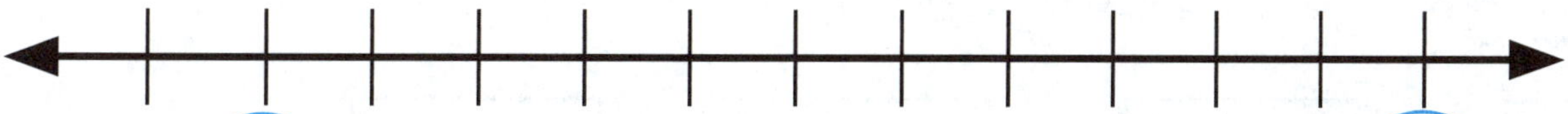

0 (1) ___ ___ ___ ___ ___ ___ ___ ___ ___ ___ (12)

Empezar en Llegar a

Nombre Fecha

Ordenar números

Saca 4 tarjetas de números básicos de una baraja. Ponlas en orden numérico.

Vuelta 1

Vuelta 2

Vuelta 3

Nombre Fecha

¡Orden, por favor!

NOTA Los estudiantes practican cómo escribir y ordenar números. También cuentan conjuntos de cubos e identifican los números que representan esas cantidades.

1. Escribe los números para poner las tarjetas en orden.
Luego une las torres de cubos con el número correcto.

11	9	6	3	8	1	12	2	5	10	4	7
1											

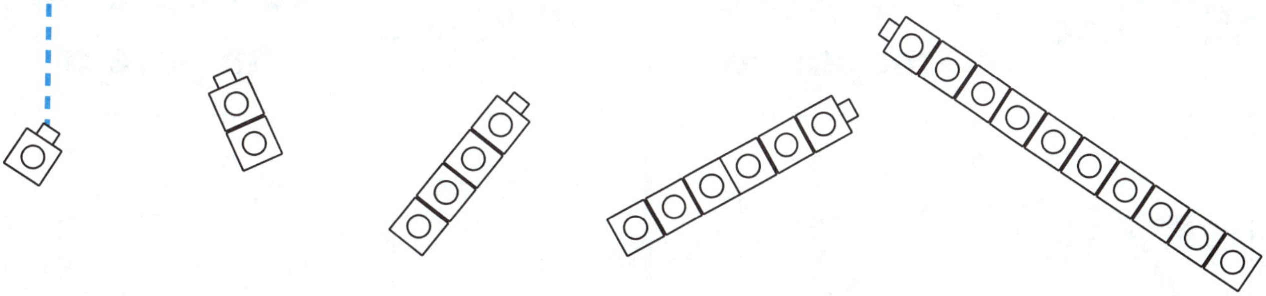

Repaso continuo

2. ¿Qué canasta contiene el mismo número de libros que la que se muestra abajo?

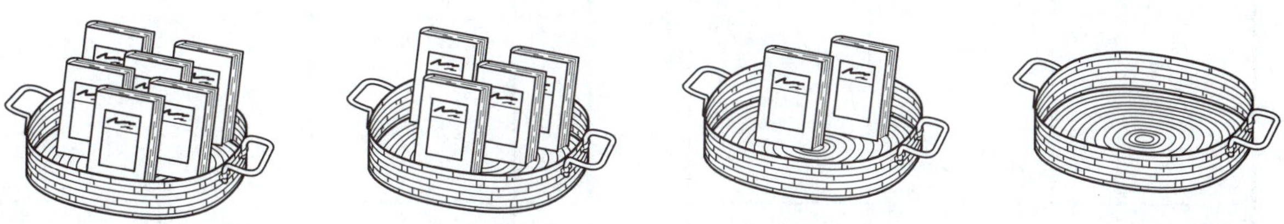

Ⓐ Ⓑ Ⓒ Ⓓ

Nombre Fecha

Jugar a *Comparar* en el hogar 2

Juega a *Comparar* con alguna persona de tu casa. Tú y tu pareja dan vuelta una tarjeta cada uno. Escriban los números. Encierren en un círculo la tarjeta con el número más grande. Las primeras tarjetas muestran lo que hay que hacer.

NOTA De tarea, su niño(a) jugará a un juego con alguna persona de la casa. Los materiales ya deben estar listos en la casa, tal como se pidió en una tarea anterior. Anime a su niño(a) a que explique cómo comparó números, haciéndole preguntas como ésta: ¿Cómo sabes que 7 es más que 3? Por favor, ayude a su niño(a) a completar y devolver esta hoja.

MME **21–23, 24**

Mi tarjeta	La tarjeta de mi pareja	Mi tarjeta	La tarjeta de mi pareja
7	3	___	___
___	___	___	___
___	___	___	___

Comparar números

Encierra en un círculo la tarjeta que muestre el número más grande.

NOTA Los estudiantes comparan dos números e identifican cuál es más grande. También determinan cuál de los dos totales es más grande.

MME **21–23, J2, J6**

1. 6 8

2. 9 2

3. 10 7

4. 4 0

5. 3 5

6. 7 9

Encierra en un círculo el **par** de tarjetas que muestre el total más grande.

7. 2 8 5 7

8. 6 2 4 3

9. 7 8 9 5

10. 4 4 0 9

¿Cuántos hay?

NOTA Los estudiantes practican cómo contar.

MME 21–23

1. ¿Cuántos estudiantes cuentas? ________

2. ¿Cuántos estudiantes cuentas? ________

Repaso continuo

3. ¿Cuántos cubos de altura tiene el escalón A?

2	3	5	7
Ⓐ	Ⓑ	Ⓒ	Ⓓ

4. ¿Cuántos cubos de altura tiene el escalón B?

7	6	4	3
Ⓐ	Ⓑ	Ⓒ	Ⓓ

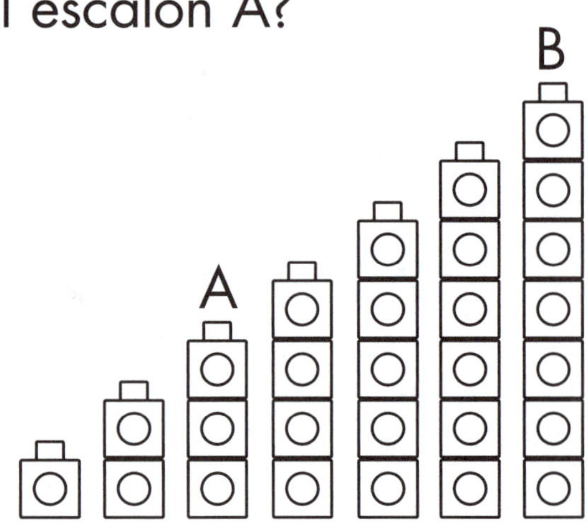

Jugar a *Doble comparación* en el hogar 1 (página 1 de 2)

NOTA Su niño(a) jugará a un juego con alguna persona de la casa. Los materiales ya deben estar listos en la casa, tal como se pidió en una tarea anterior. Anime a su niño(a) a que explique cómo se juega. Por favor, ayude a su estudiante a completar y devolver esta hoja.

MME 33–37

Juega a *Doble comparación* con alguna persona de tu casa.

Tú y tu pareja dan vuelta dos tarjetas cada uno. Escriban los números. Encierren en un círculo el par de tarjetas que muestre más.

Mis tarjetas		Las tarjetas de mi pareja	
8	3	8	5
____	____	____	____
____	____	____	____

Jugar a *Doble comparación* en el hogar 1 (página 2 de 2)

Mis tarjetas

Las tarjetas de mi pareja

¿Cuántos lápices hay?

Escritura

Resuelve el problema. Muestra tu trabajo.

Estaba limpiando la clase.
Encontré 5 lápices en el suelo.
Encontré 6 lápices debajo de la ventana.
¿Cuántos lápices encontré?

Problema-cuento 1

Escritura

NOTA Los estudiantes combinan dos cantidades para resolver un problema-cuento.

MME 33–37

Resuelve el problema.
Muestra tu trabajo.

Sam fue al zoológico.
Vio 3 monos en un árbol.
Vio 6 monos más en el suelo.
¿Cuántos monos vio Sam?

Nombre Fecha

Lanzar y anotar Hoja de anotaciones

								12
								11
								10
								9
								8
								7
								6
								5
								4
								3
								2

Hacer un dibujo con puntos

NOTA Los estudiantes buscan maneras de organizar conjuntos de puntos para que sea más fácil contar.

MME 21–23

1. Encierra en un círculo los dibujos con puntos que creas que son más fáciles de recordar.

 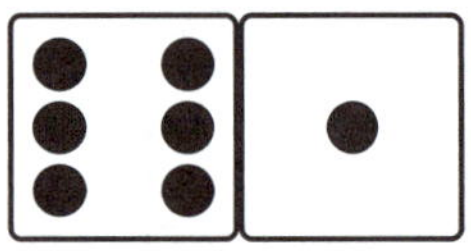 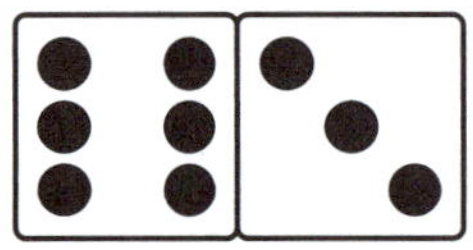 

Dibuja cada número de puntos de una manera que sea fácil de recordar.

2. Muestra 7 puntos.

3. Muestra 10 puntos.

4. Muestra 5 puntos.

5. Muestra 8 puntos.

Repaso continuo

6. ¿Qué torre de cubos muestra 6?

(A) 

(C) 

(B) 

(D) 

Nombre Fecha

Jugar a *Doble comparación* en el hogar 2 (página 1 de 2)

Juega a *Doble comparación* con alguna persona de tu casa.

NOTA De tarea, su niño(a) jugará varias vueltas de un juego con alguna persona de la casa. Los materiales ya deben estar listos en la casa, tal como se pidió en una tarea anterior. Anime a su niño(a) a que explique cómo comparó números, haciéndole preguntas como ésta: ¿Cómo sabes que 8 es más que 3? ¿Cómo compararías 8 + 3 con 8 + 5? Por favor, ayude a su niño(a) a completar y devolver esta hoja.

MME 33–37, J6

Tú y tu pareja dan vuelta dos tarjetas cada uno. Escriban los números. Encierren en un círculo el par de tarjetas que muestre más.

Mis tarjetas		Las tarjetas de mi pareja	
8	3	8	5
___	___	___	___
___	___	___	___

Nombre Fecha

Jugar a *Doble comparación* en el hogar 2 (página 2 de 2)

Mis tarjetas

Las tarjetas de mi pareja

¿Cuántos pastelitos hay?

Escritura

Resuelve el problema. Muestra tu trabajo.

Rosa y Max fueron a la venta de pasteles.
Rosa compró 7 pastelitos.
Max compró 6 pastelitos.
¿Cuántos pastelitos compraron?

¿Cuántos puntos hay?

Escribe el número que indique cuántos puntos hay.

NOTA Los estudiantes practican cómo contar y escribir números.

MME 6–8, 21–23

1.  ______

2. 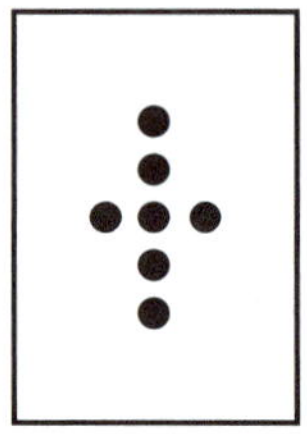 ______

3.  ______

4. 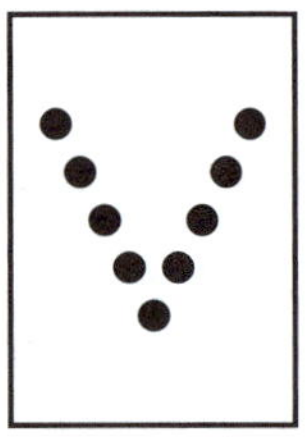 ______

5. 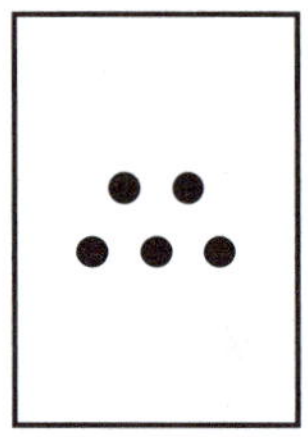 ______

6. 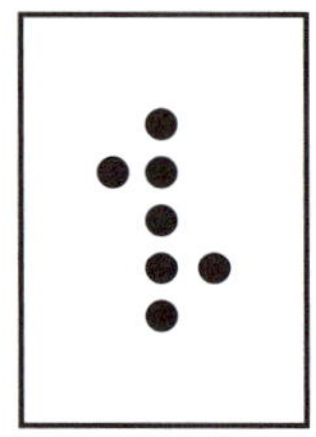 ______

7. 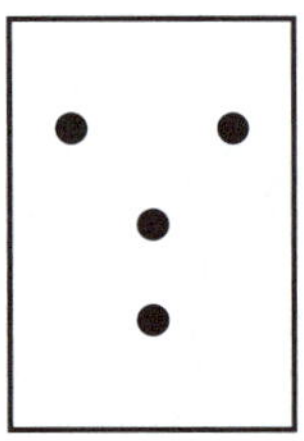 ______

8. 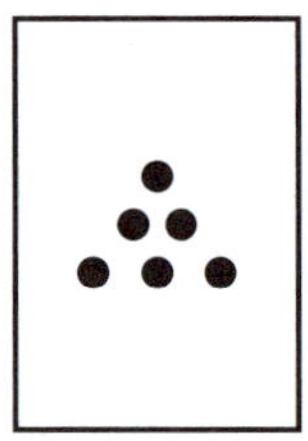 ______

9. 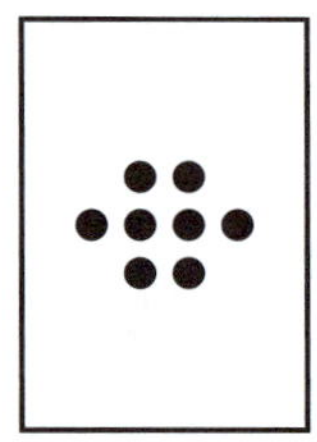 ______

10. 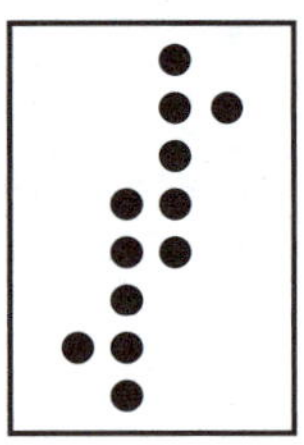 ______

11. 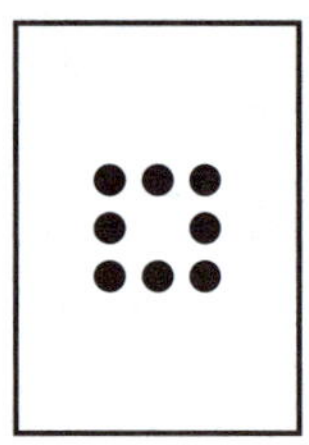 ______

12. 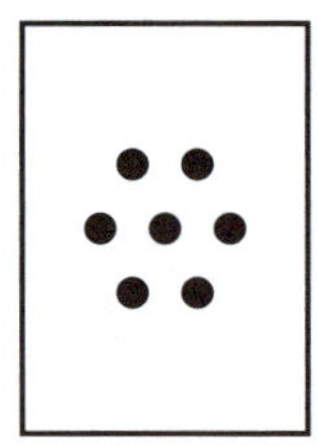 ______

Repaso continuo

¿Qué torre de cubos muestra 5?

13. 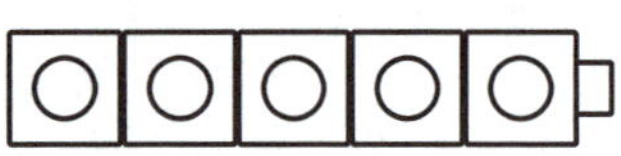 (A)  (B)  (C)  (D)

Manzanas y naranjas

Resuelve el problema. Muestra tu trabajo.

NOTA Este problema se trata de combinar dos números. Anime a su niño(a) a que encuentre su propia manera de resolver el problema y anotar el trabajo.

MME **33–37**

Fui a la tienda a comprar fruta. Compré 5 manzanas y 4 naranjas. ¿Cuántas frutas compré?

Nombre Fecha

Doble comparación 1

Kim y Sam están jugando a *Doble comparación.*

NOTA Los estudiantes combinan dos cantidades y luego averiguan cuál es el total más grande.

MME J6

¿Quién tiene más? Encierra en un círculo el par de tarjetas que muestre más.

Tarjetas de Kim

Tarjetas de Sam

Muestra cómo lo sabes.

Nombre Fecha

Combinar puntos

Escribe el número total.

NOTA Los estudiantes combinan dos cantidades para hallar el total.

MME J19

1.  +  = ______

2.  +  = ______

3.  +  = ______

4. 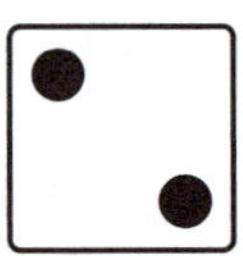 + 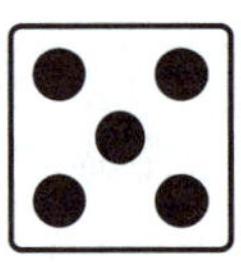 = ______

5.  +  = ______

6.  + 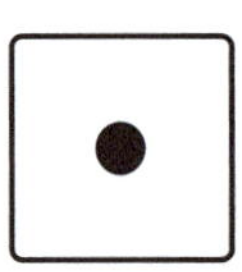 = ______

Nombre Fecha

Siete arvejas y zanahorias

Escritura

Resuelve el problema. Muestra tu trabajo.

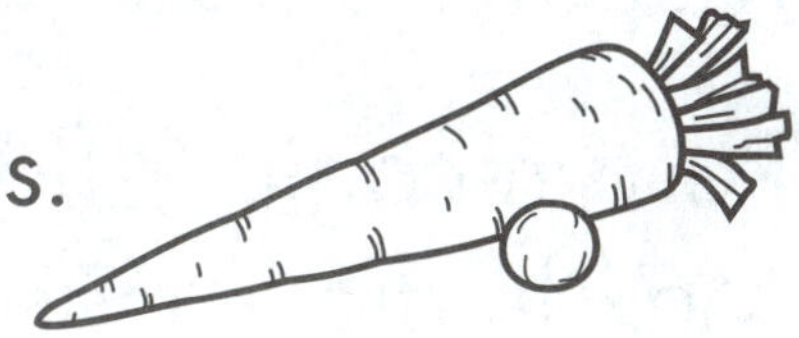

Tengo 7 cosas en mi plato.
Algunas son arvejas. Otras son zanahorias.
¿Cuántas de cada una podría tener?
¿Cuántas arvejas? ¿Cuántas zanahorias?

Nombre Fecha

Problema-cuento 2

Resuelve el problema.
Muestra tu trabajo.

NOTA Los estudiantes combinan dos cantidades para resolver un problema-cuento.

MME 33–37

Rosa recogió 9 flores.
Max le dio 4 más.
¿Cuántas flores tiene Rosa ahora?

Nombre Fecha

Tres torres Hoja de anotaciones

Usé 2 colores de cubos para construir 3 torres.

Cada torre tenía ________ cubos.

Así es cómo se veían mis torres.

Nombre Fecha

Doble comparación 2

Kim y Sam están jugando a *Doble comparación*.

¿Quién tiene más? Encierra en un círculo el par de tarjetas que muestre más.

> **NOTA** Los estudiantes combinan dos cantidades y luego averiguan cuál es el total más grande.
>
> MME J6

Tarjetas de Kim | **Tarjetas de Sam**

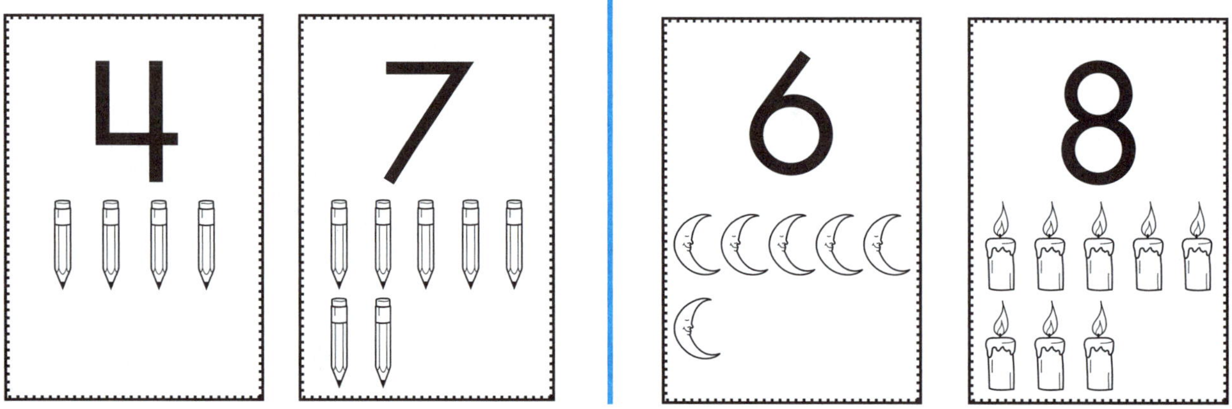

Muestra cómo lo sabes.

Nombre Fecha

Cara o cruz Hoja de anotaciones

Partido 1
Número total ______

Cara 	Cruz 

Partido 2
Número total ______

Cara 	Cruz 

Observar torres 1

Observa cada torre de 10.
Escribe cuántos cubos blancos hay. 
Escribe cuántos cubos grises hay. 

NOTA Los estudiantes practican cómo contar y hallar combinaciones de 10.

MME 21–23, 48–49

1. 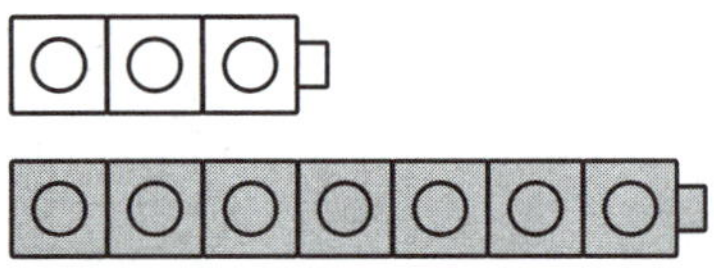

_______ blanco

_______ gris

2. 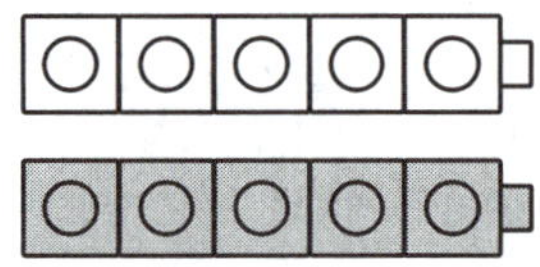

_______ blanco

_______ gris

3. 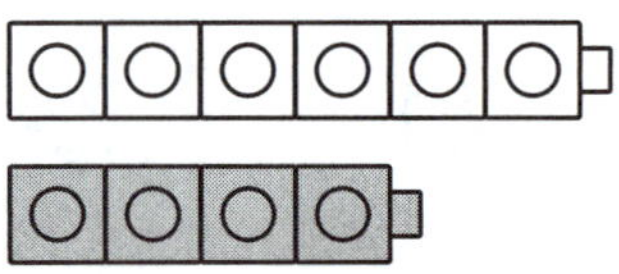

_______ blanco

_______ gris

4. 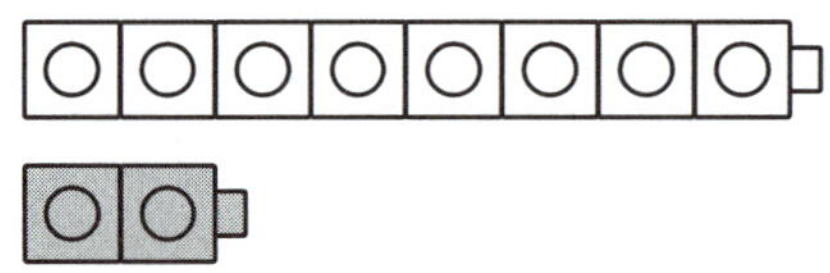

_______ blanco

_______ gris

5. 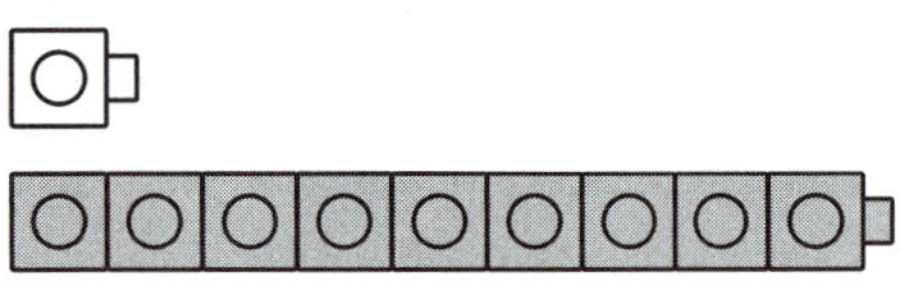

_______ blanco

_______ gris

6. 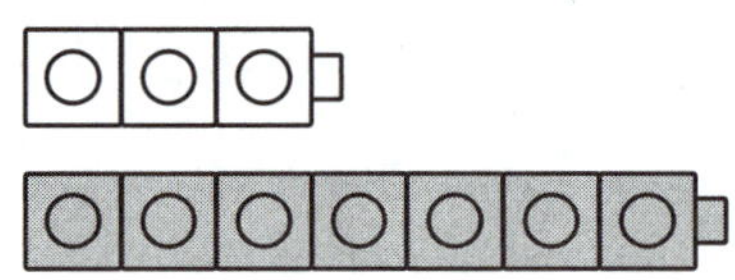

_______ blanco

_______ gris

Nombre Fecha

¿Cuántos tengo escondidos?

Hoja de anotaciones

Número total ________

No están escondidos 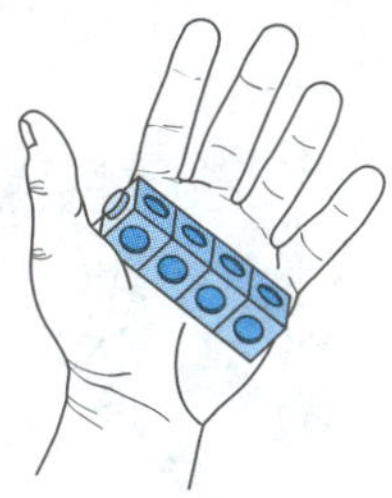	Escondidos 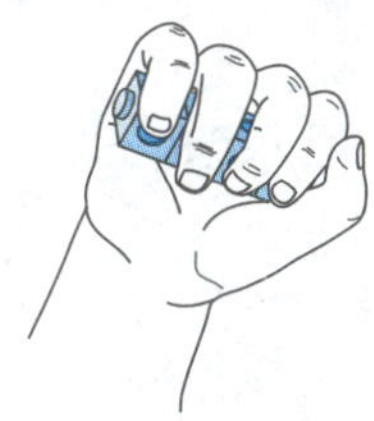

¿Qué hay en el bolso?

Hay 5 pelotas en total.
Escribe cuántas pelotas están **fuera** del bolso.
Escribe cuántas pelotas están **dentro** del bolso.

NOTA Los estudiantes practican cómo contar y hallar combinaciones de 5.

1.

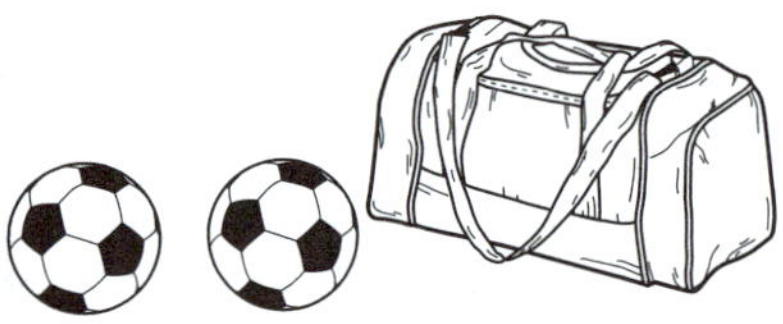

Fuera ________

Dentro ________

2.

Fuera ________

Dentro ________

3.

Fuera ________

Dentro ________

4.

Fuera ________

Dentro ________

Repaso continuo

5. ¿Cuántas de estas figuras tienen 4 lados?

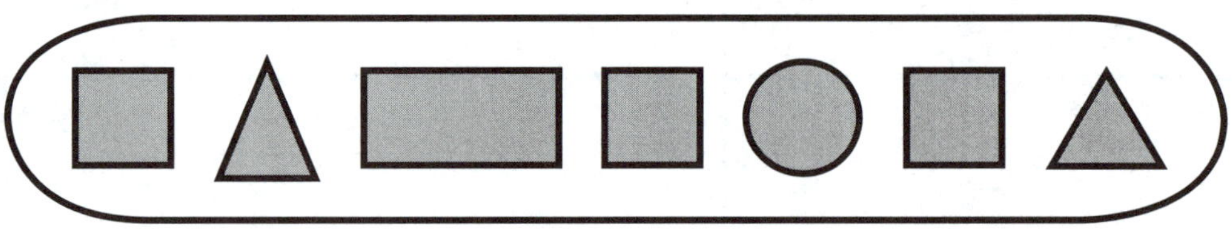

8	4	3	2
Ⓐ	Ⓑ	Ⓒ	Ⓓ

Nombre Fecha

Jugar a *Cara o cruz* en el hogar

(página 1 de 2)

NOTA Su niño(a) trajo materiales para jugar con alguna persona de la casa. También necesitará algunas monedas de 1¢. Anime a su niño(a) a explicar cómo se juega. Recuérdele que tiene que devolver esta hoja de anotaciones.

MME J13

Partido 1
Número total ______

Cara 	Cruz 

Partido 2
Número total ______

Cara 	Cruz 

Jugar a *Cara o cruz* en el hogar (página 2 de 2)

Partido 3
Número total ______

Cara 	Cruz 

Partido 4
Número total ______

Cara 	Cruz 

Nombre Fecha

Nueve arvejas y zanahorias

Escritura

Resuelve el problema. Muestra tu trabajo.

Tengo 9 cosas en mi plato.
Algunas son arvejas. Otras son zanahorias.
¿Cuántas de cada una podría tener?
¿Cuántas arvejas? ¿Cuántas zanahorias?

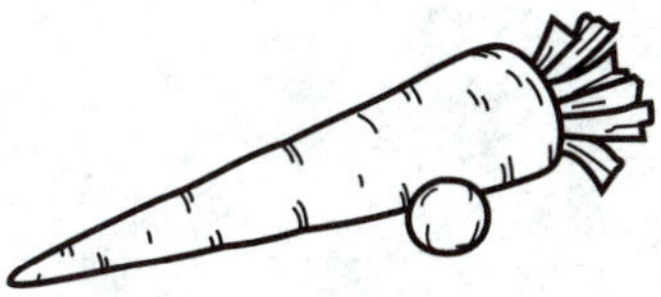

Nombre Fecha

Observar torres 2

Anota las combinaciones de cada torre.

NOTA Los estudiantes practican cómo contar y anotar combinaciones de 10.

MME **21–23, 48–49**

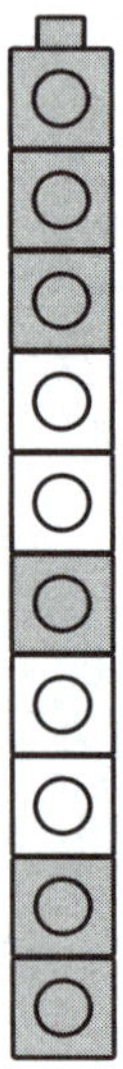

6 + 4

___ + ___

___ + ___

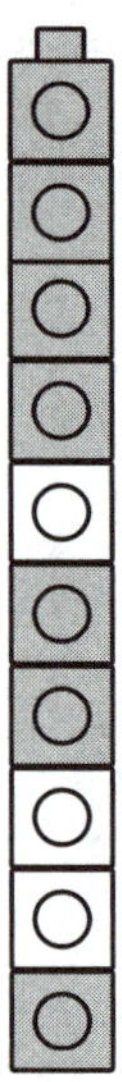

___ + ___

___ + ___

___ + ___

¿Cuántas pelotas de béisbol?

NOTA Este problema se trata de combinar dos números. Anime a su niño(a) a que encuentre su propia manera de resolver el problema y anotar el trabajo.

MME 33–37

Resuelve el problema. Muestra tu trabajo.

Rosa tenía 4 pelotas de béisbol.
Sam le dio 5 más.
¿Cuántas pelotas tienen en total?

Nombre Fecha

Cara o Cruz (página 1 de 2)

Imagina que estás jugando a *Cara o cruz.*

Completa la tabla para cada partido.

NOTA Los estudiantes practican cómo contar y descomponer un número en dos partes (ej., 7 = 4 + 3).

MME J13

Partido 1

Número total ________

Cara 	Cruz 

Partido 2

Número total ________

Cara 	Cruz 

Cara o Cruz (página 2 de 2)

Partido 3

Número total ________

Cara 	Cruz 

Partido 4

Número total ________

Cara 	Cruz 

Algunos peces

En una pecera hay 6 peces.
Algunos peces son grandes.
Otros peces son pequeños.

Max dice que podría haber
2 peces grandes y 4 peces pequeños.

Rosa dice que podría haber
1 pez grande y 4 peces pequeños.

¿Quién tiene razón? ____________________
Muestra cómo lo sabes.

NOTA Los estudiantes practican cómo combinar cantidades para resolver un problema-cuento.

MME 33–37

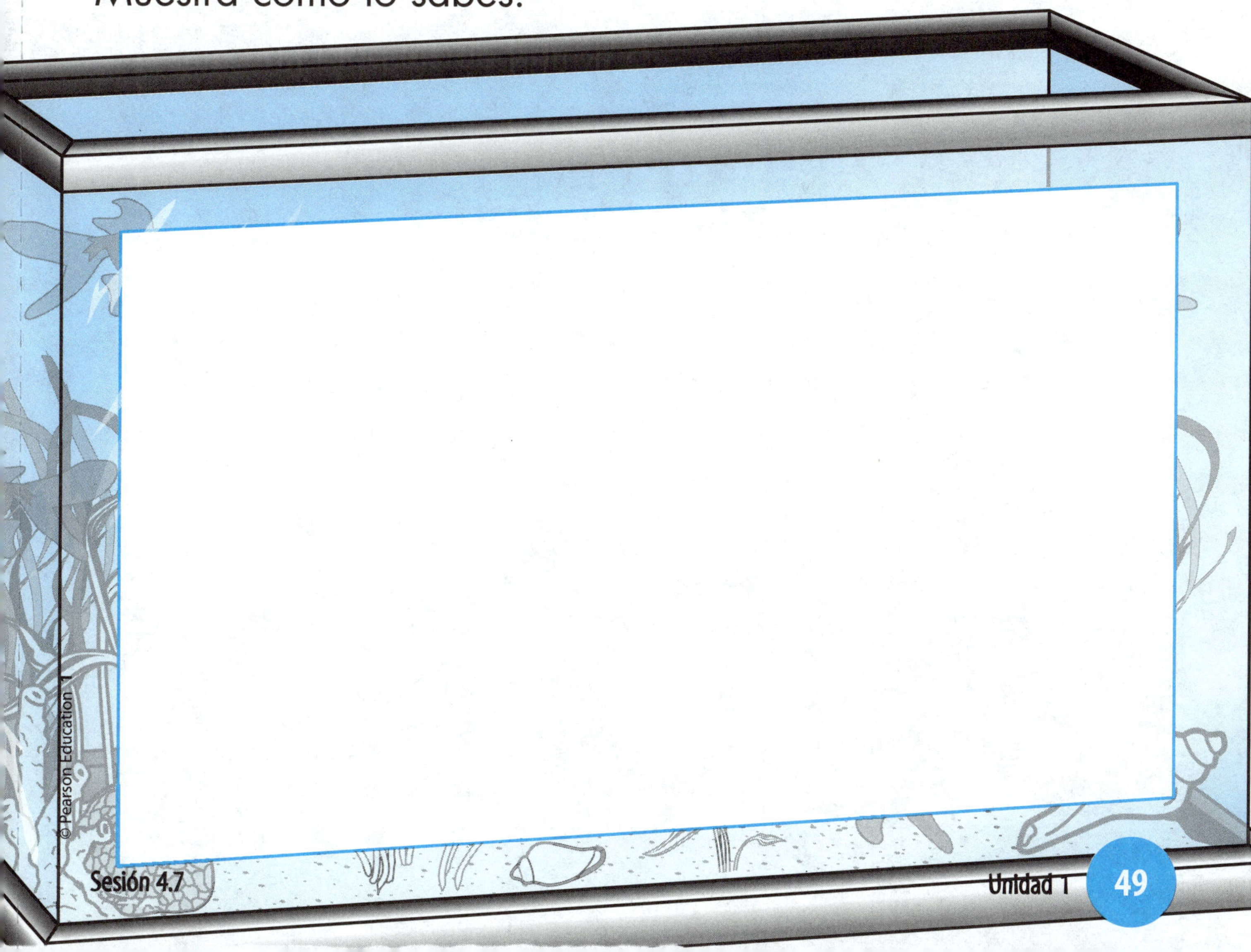

Spiral to Infinity Steve Allen

"Fractal images are often made up of small images-within-images, constantly repeating and going smaller and smaller."– Steve Allen

Cuaderno de actividades

Hacer figuras y diseñar colchas

UNIDAD 2

Investigations

IN NUMBER, DATA, AND SPACE®

en español

Hacer figuras y diseñar colchas

Investigación 1

Investigación 2

Investigación 3

Nombre Fecha

Patrones de bloques para rellenar, Figura A

¿Cuántos bloques usaste?

Figura	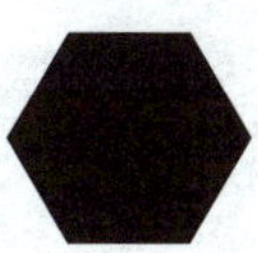						Total
¿Cuántos?							

Doble comparación

Kim y Sam están jugando a
Doble comparación.

NOTA Los estudiantes combinan dos cantidades y luego deciden que total es más mayor.

MME J6

Encierra en un círculo el par de tarjetas que tenga más.

Tarjetas de Kim

Tarjetas de Sam

Muestra cómo lo sabes.

Nombre   Fecha

Patrones de bloques para rellenar, Figura B

¿Cuántos bloques usaste?

Figura							Total
¿Cuántos?							

Nombre Fecha

Patrones de bloques para rellenar, Figura C

¿Cuántos bloques usaste?

Figura							Total
¿Cuántos?							

Nombre Fecha

Patrones de bloques para rellenar, Figura D

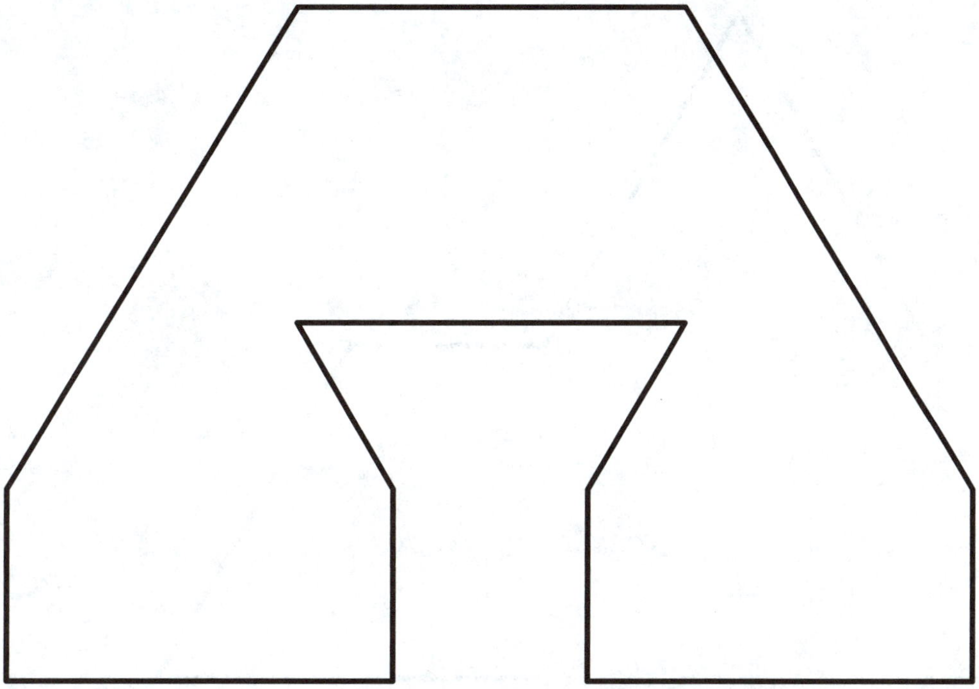

¿Cuántos bloques usaste?

Figura							Total
¿Cuántos?							

Nombre Fecha

Patrones de bloques para rellenar, Figura E

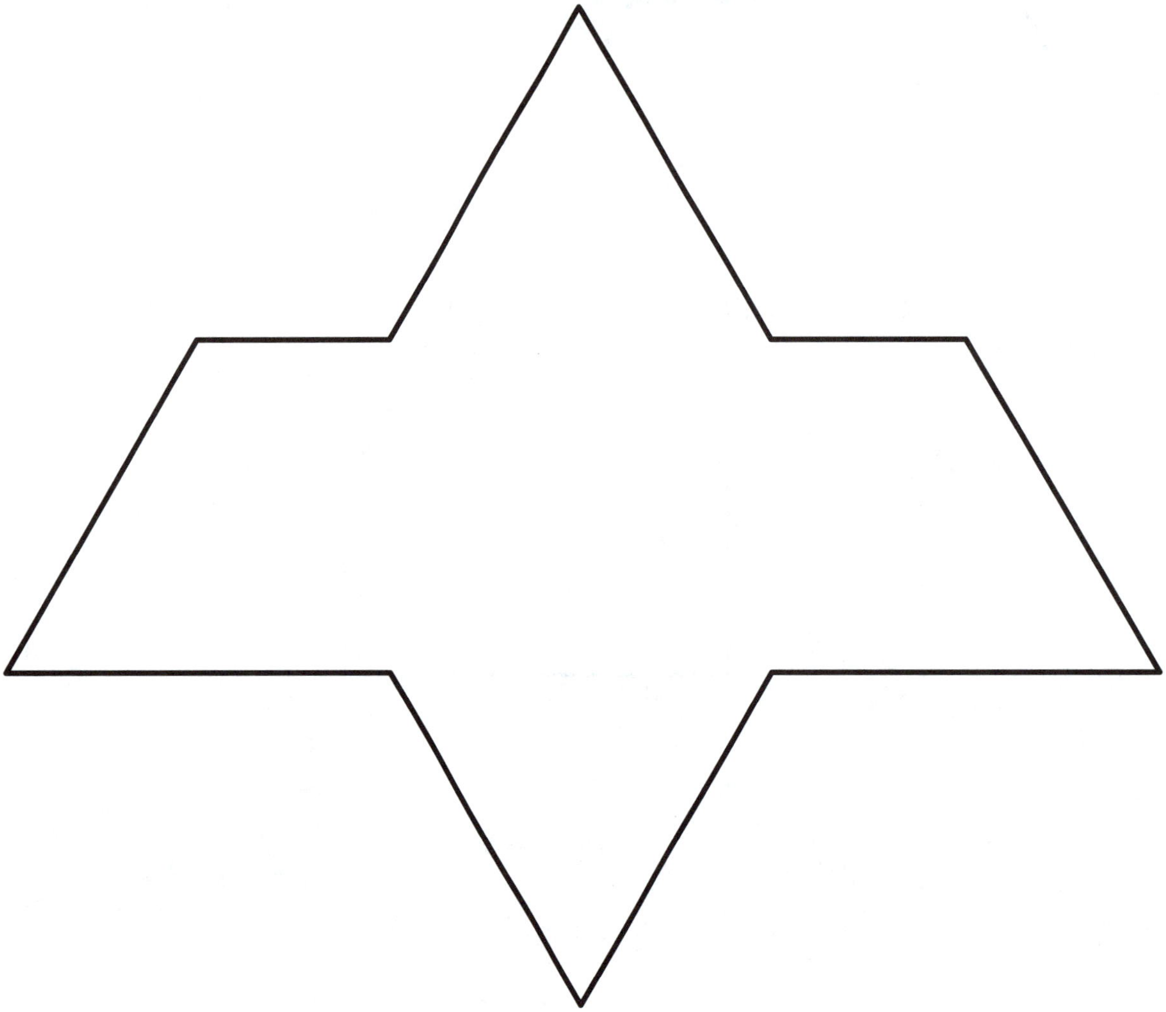

¿Cuántos bloques usaste?

Figura							Total
¿Cuántos?							

Nombre Fecha

Conteo de bloques de patrón A

Haz un diseño con 12 bloques de patrón.

¿Cuántos bloques usaste?

Figura	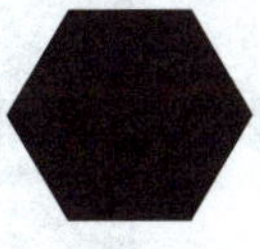						Total
¿Cuántos?							

Nombre Fecha

Conteo de bloques de patrón B

Haz un diseño con 18 bloques de patrón.

¿Cuántos bloques usaste?

Figura							Total
¿Cuántos?							

Conteo de bloques de patrón C

Haz un diseño con 25 bloques de patrón.

¿Cuántos bloques usaste?

Figura	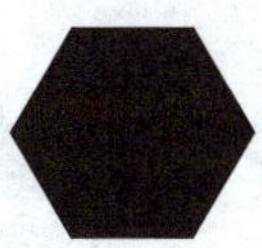						Total
¿Cuántos?							

Conteo de bloques de patrón D

Haz un diseño con 28 bloques de patrón.

¿Cuántos bloques usaste?

Figura							Total
¿Cuántos?							

Usar un calendario

Éste es un calendario para ti. Completa los meses y las fechas. Luego busca un lugar en tu casa para colgarlo.

NOTA Los estudiantes practican cómo anotar fechas y cómo crear, leer y usar un calendario como un instrumento para llevar la cuenta del tiempo.

MME 17–19

____

Nombre del mes

Domingo	Lunes	Martes	Miércoles	Jueves	Viernes	Sábado

Días especiales ______________________________

____

Problema-cuento

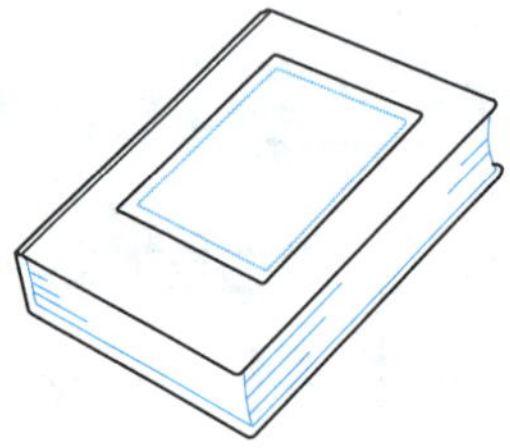

Rosa tenía 8 libros.
Max le dio 3 más.
¿Cuántos libros tiene Rosa ahora?

NOTA Los estudiantes combinan dos cantidades par resolver un problema-cuento.

MME 33–42

Resuelve el problema. Muestra tu trabajo.

Buscar rectángulos

Escritura

Busca rectángulos en tu casa.

Dibuja lo que encuentres y escribe el nombre de cada objeto.

NOTA Los estudiantes identifican y dibujan rectángulos que puedan encontrar en su casa.

MME 69

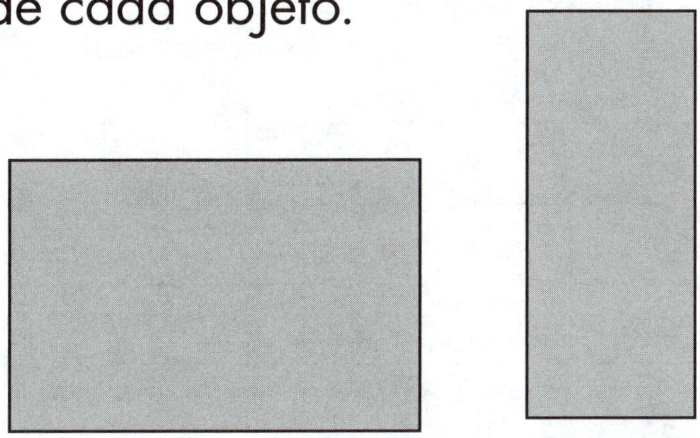

Nombre Fecha

Maneras de hacer figuras de bloques de patrón

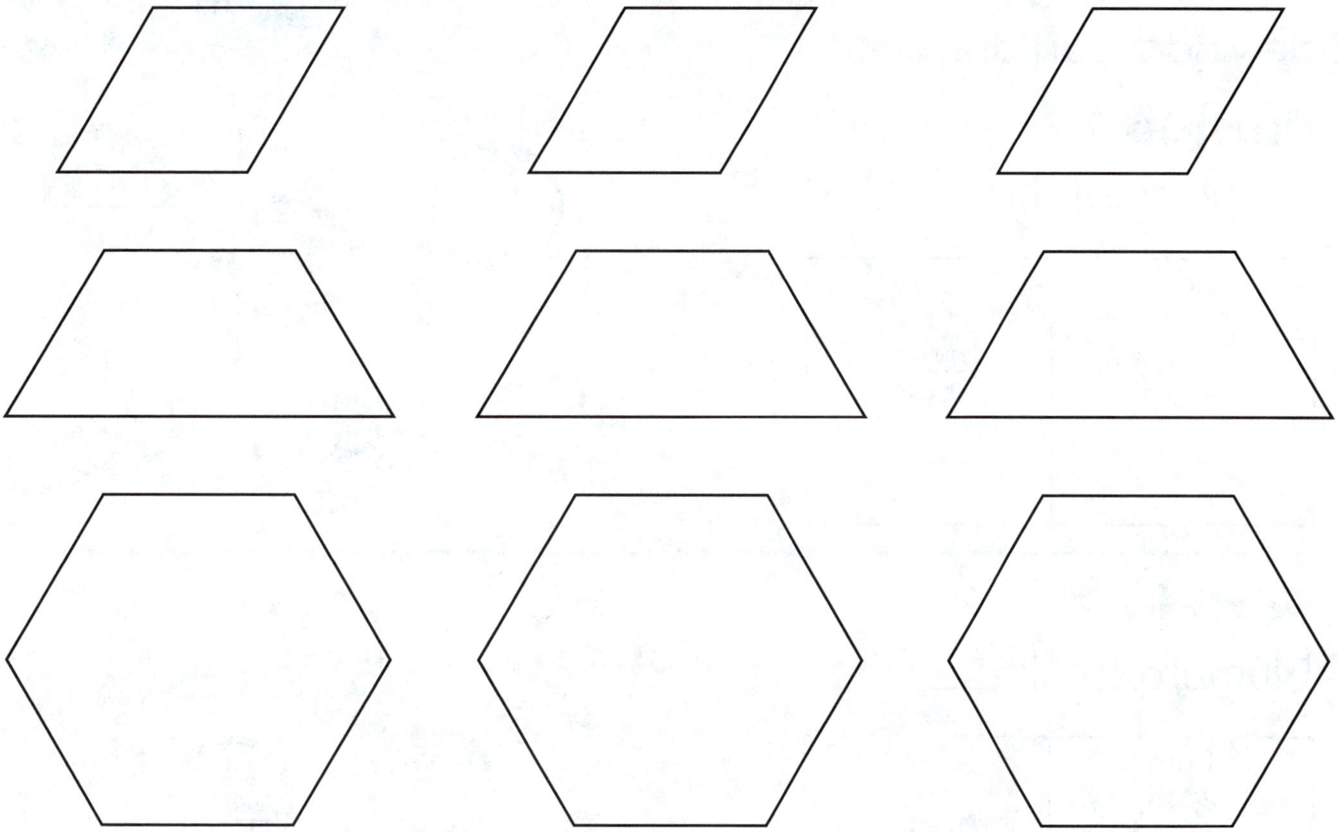

Cara o cruz 1 (página 1 de 2)

Imagina que estás jugando a *Cara o cruz.* Completa la tabla de cada partido.

NOTA Los estudiantes practican cómo contar un número y descomponerlo en dos partes.

MME J13

Partido 1

Número total: ________

Cara 	Cruz 

Partido 2

Número total: ________

Cara 	Cruz 

Partido 3

Número total: ________

Cara 	Cruz 

Nombre Fecha

Cara o cruz 1 (página 2 de 2)

Partido 4

Número total: ________

Cara	Cruz

Partido 5

Número total: ________

Cara	Cruz

Partido 6

Número total: ________

Cara	Cruz

Nombre Fecha

Diferentes maneras de rellenar, Figura A

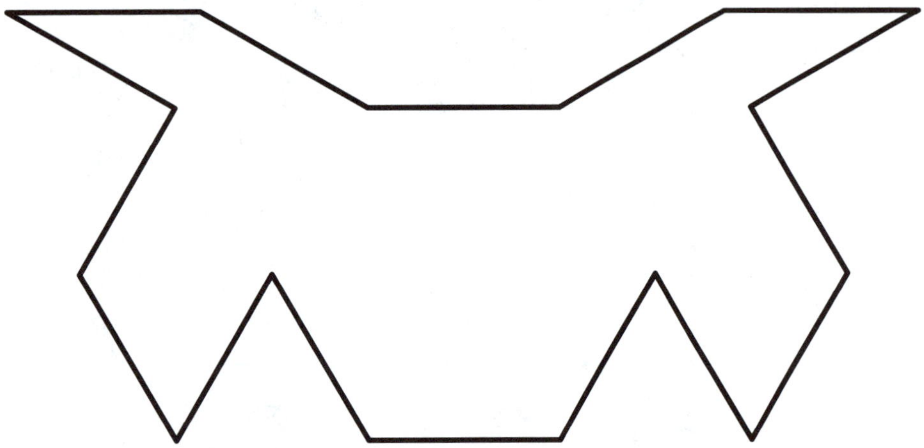

Número de bloques:

____

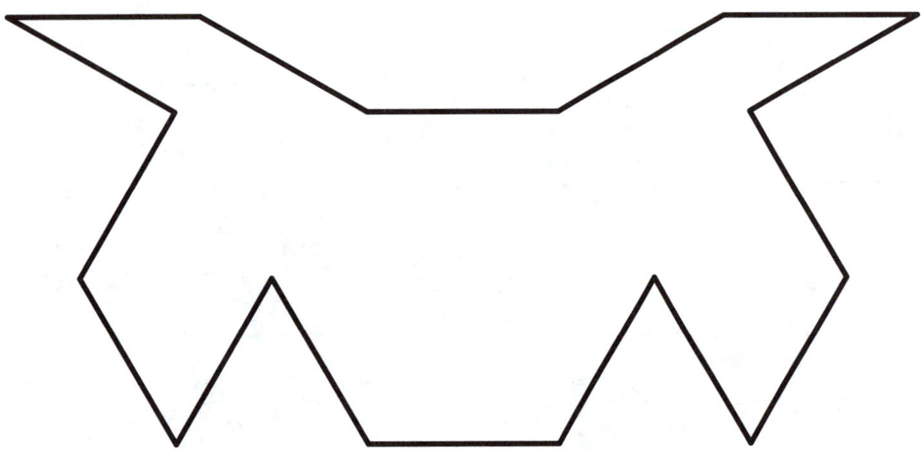

Número de bloques:

____

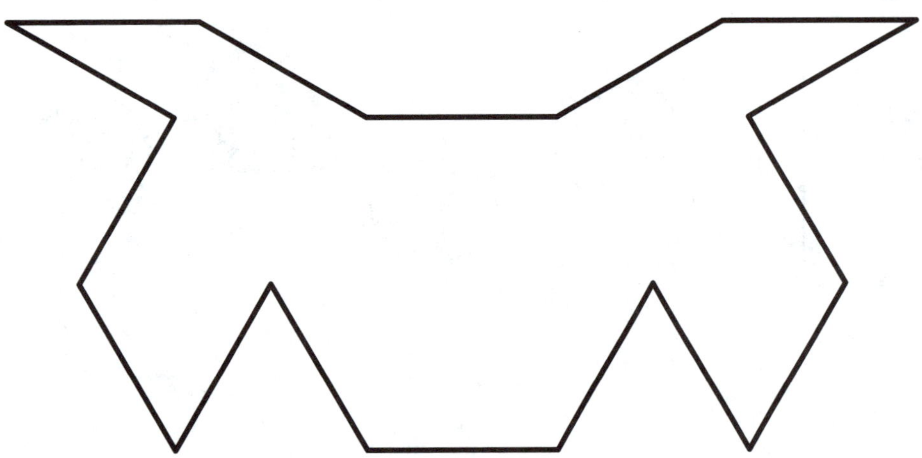

Número de bloques:

____

Diferentes maneras de rellenar, Figura B

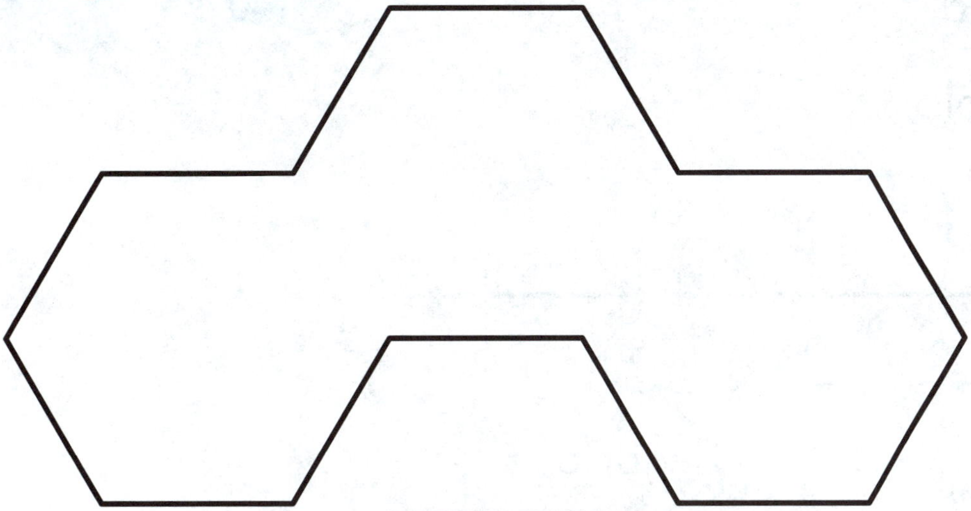

Número de bloques: ______

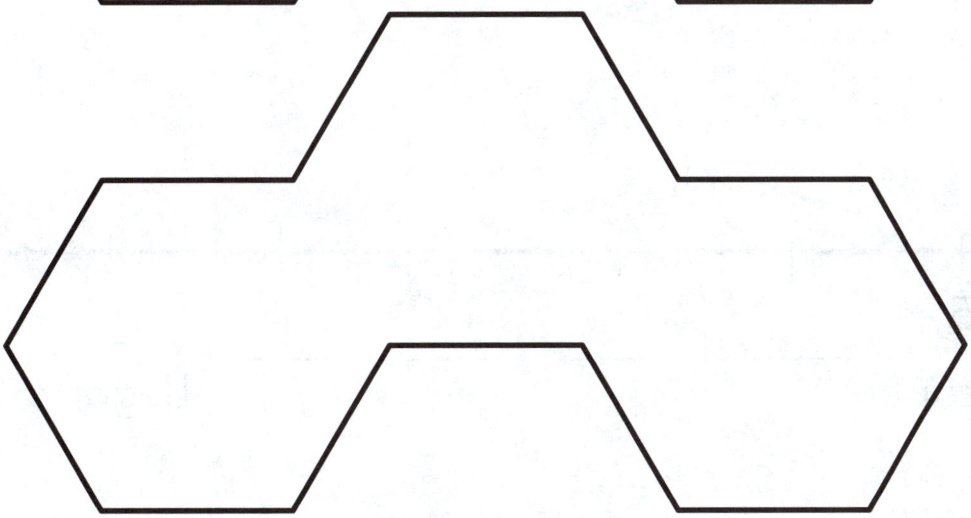

Número de bloques: ______

Número de bloques: ______

Empezar en/Llegar a

Escribe los números que faltan en la recta numérica.

NOTA Los estudiantes practican cómo escribir números y contar.

MME 26

Éste es un ejemplo.

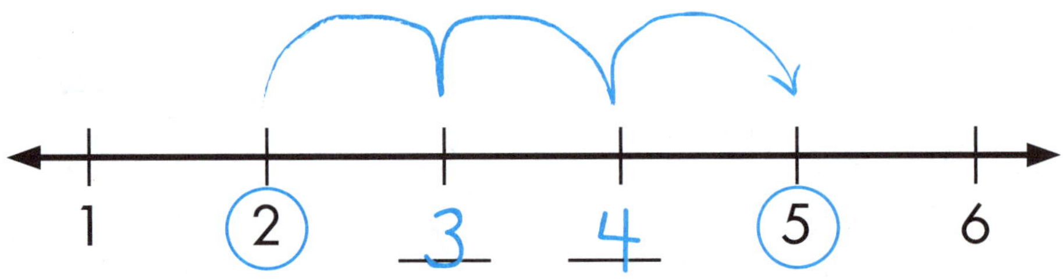

Empezar en Llegar a

Inténtalo.

1. 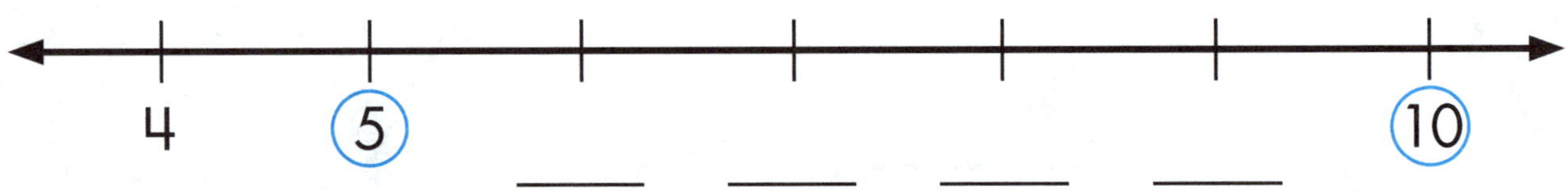

Empezar en Llegar a

2. 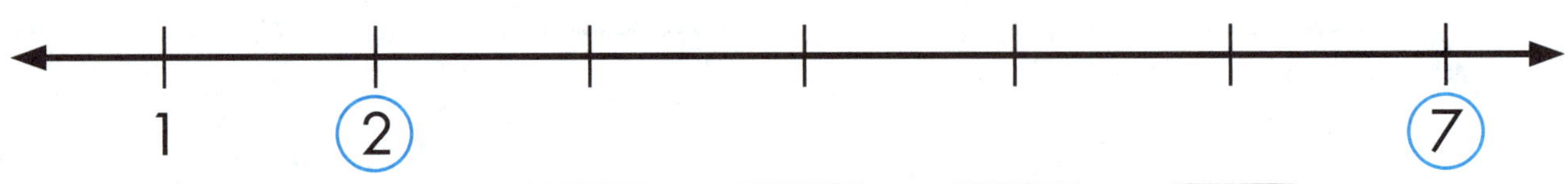

Empezar en Llegar a

Nombre Fecha

Rellenar con más y menos—Figura A

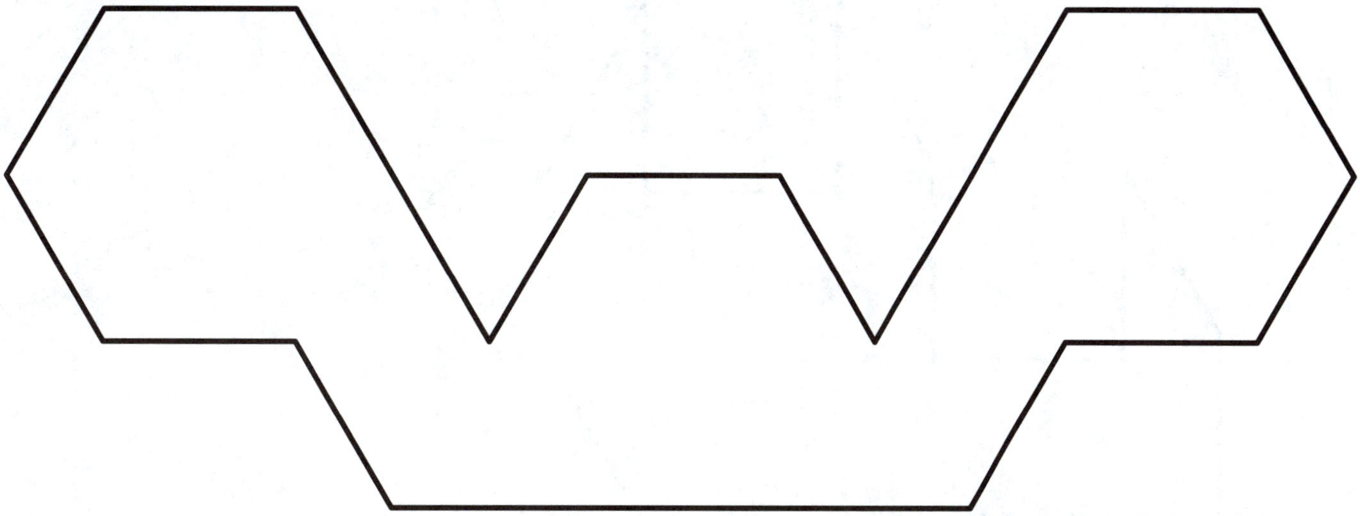

Menos bloques: ____________

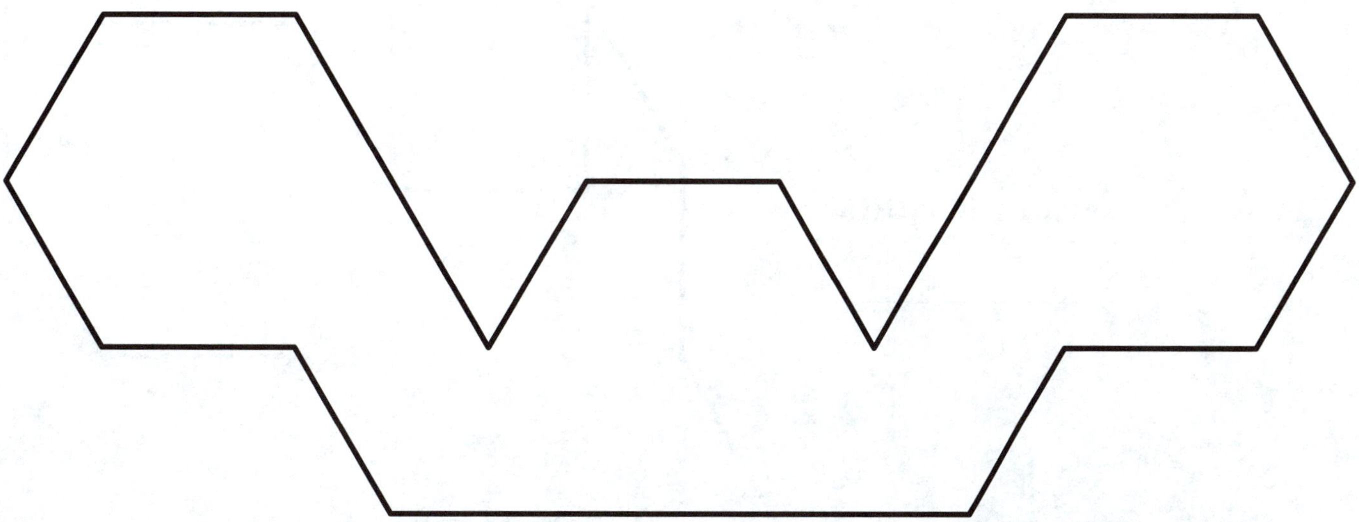

Más bloques: ____________

Nombre Fecha

Rellenar con más y menos—Figura B

Menos bloques: ____________________

Más bloques: ____________________

Nombre Fecha

Rellenar con más y menos—Figura C

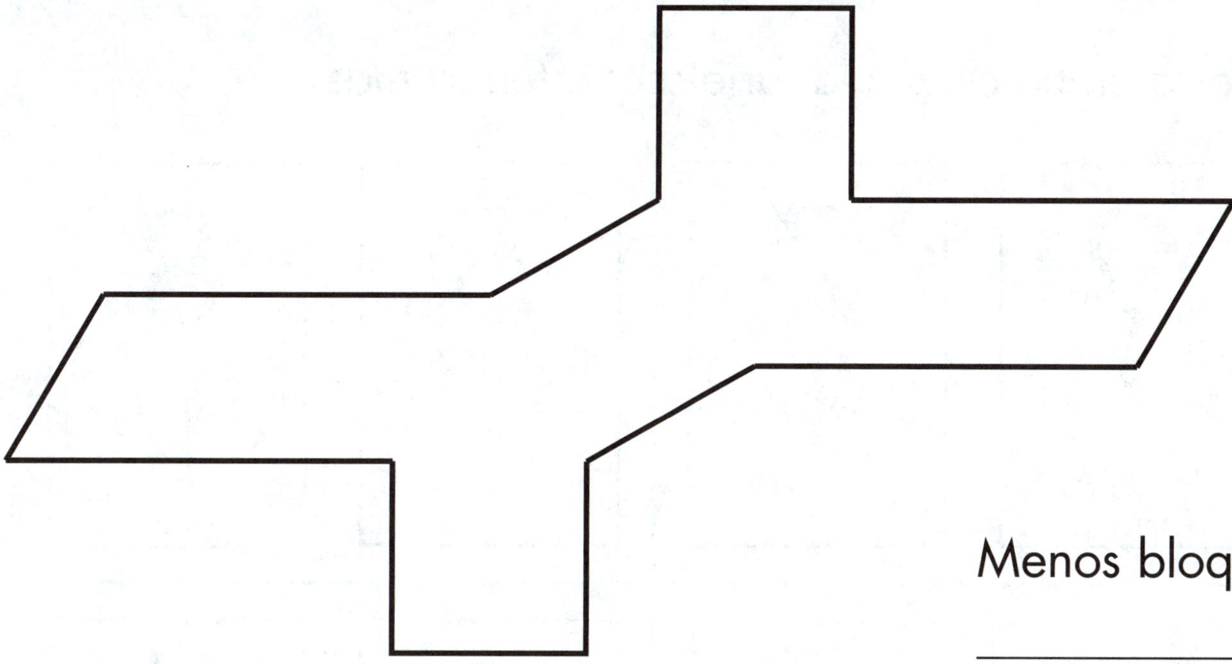

Menos bloques:

____

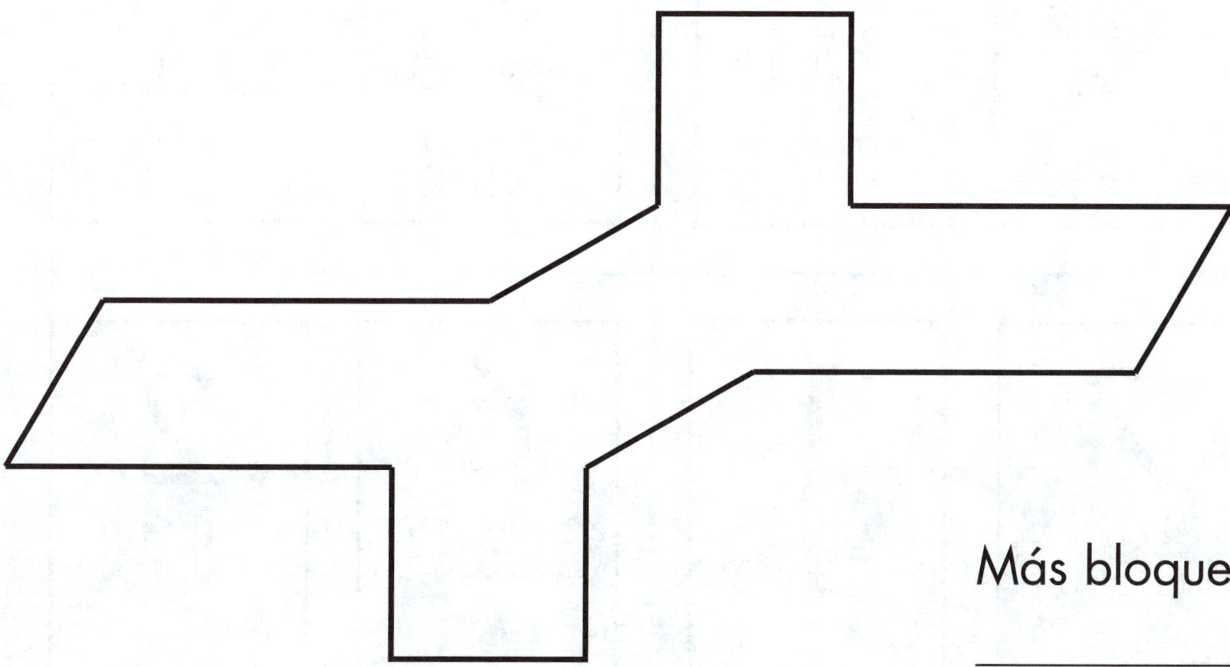

Más bloques:

____

Comparar

Imagina que estás jugando al juego de tarjetas *Comparar*.

NOTA Los estudiantes comparan dos números y deciden cuál es mayor.

MME J2

Encierra en un círculo la tarjeta que tenga más.

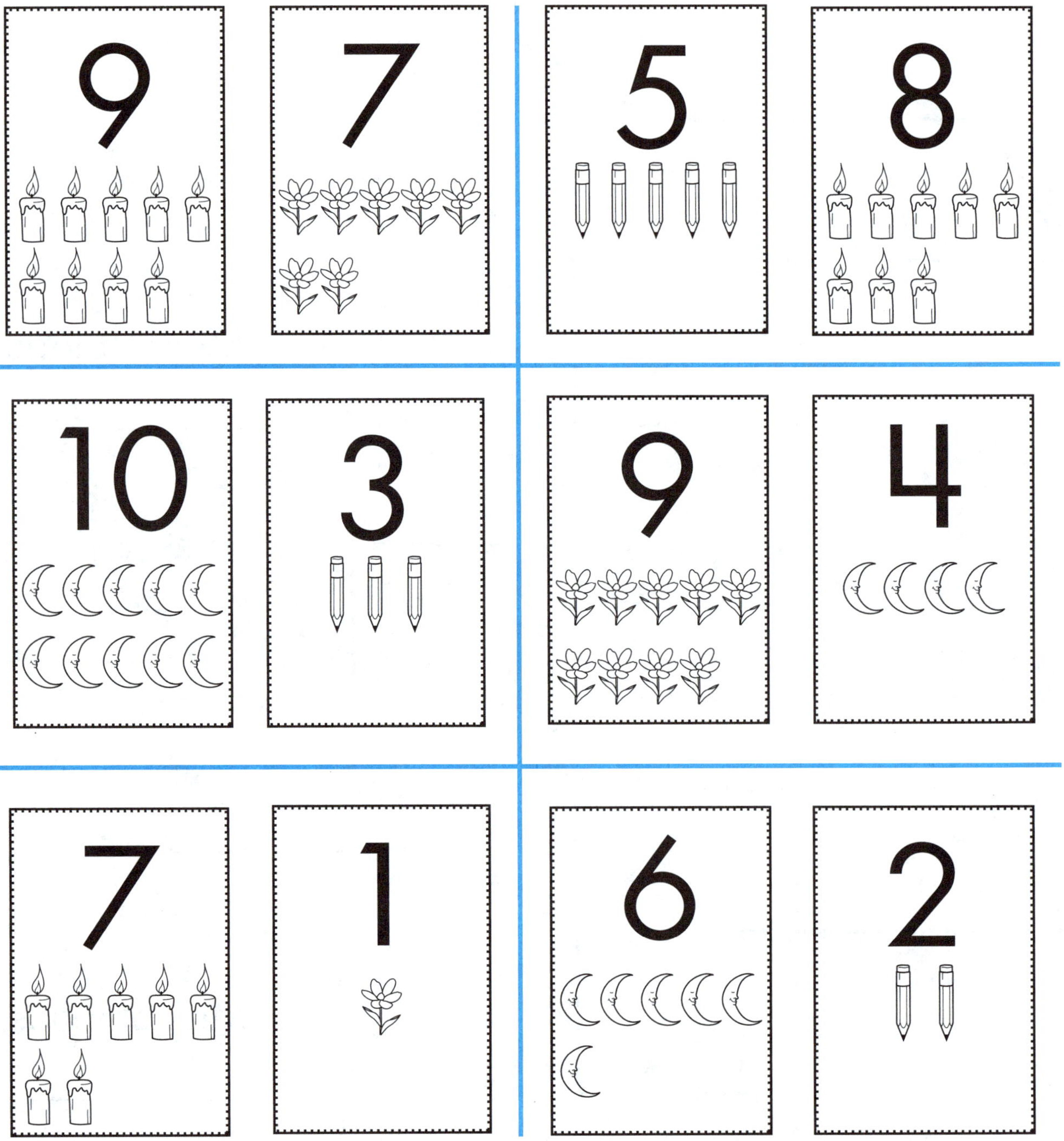

Nombre Fecha

Más problemas-cuento

NOTA Los estudiantes practican cómo sumar dos números.

MME 33–37

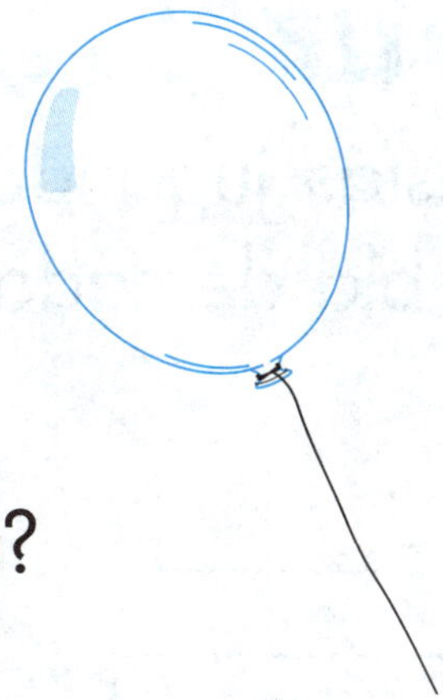

Sam tenía 5 globos.
Kim le dio 6 más.
¿Cuántos globos tiene Sam ahora?

Resuelve el problema. Muestra tu trabajo.

Nombre Fecha

Cara o cruz 2 (página 1 de 2)

Imagina que estás jugando a *Cara o cruz*. Completa la tabla de cada partido.

NOTA Los estudiantes practican cómo contar un número y descomponerlo en dos partes (7 = 3 + 4).

MME J13

Partido 1

Número total: ________

Cara	Cruz

Partido 2

Número total: ________

Cara	Cruz

Partido 3

Número total: ________

Cara	Cruz

Cara o cruz 2 (página 2 de 2)

Partido 4

Número total: ________

Cara	Cruz

Partido 5

Número total: ________

Cara	Cruz

Partido 6

Número total: ________

Cara	Cruz

Nombre Fecha

Encerrar triángulos en un círculo

NOTA Los estudiantes identifican triángulos y nombran dos atributos que todos los triángulos tengan en común.

MME 72, 74–75

1. Encierra en un círculo todos los triángulos de este grupo de figuras.

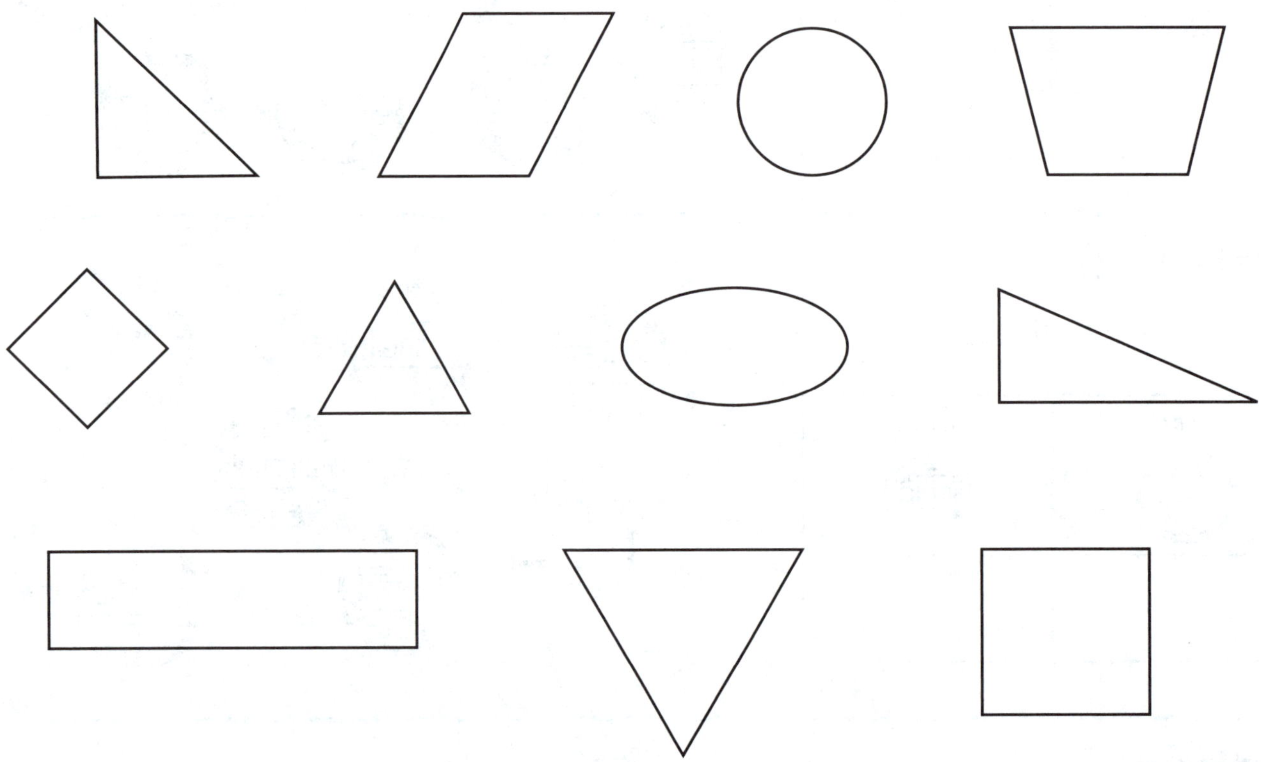

2. Escribe dos cosas que sean iguales en todos los triángulos que encerraste en un círculo.

____

____

Nombre Fecha

Papel punteado

Encierra 3 puntos en un círculo. Dibuja un triángulo uniendo los puntos. ¿Cuántos triángulos puedes dibujar?

¿Cuántos triángulos dibujaste? ________

Hallar el total

Escribe el número total.

NOTA Los estudiantes combinan dos cantidades para hallar el total.

MME J19

1.  +  = ______

2. 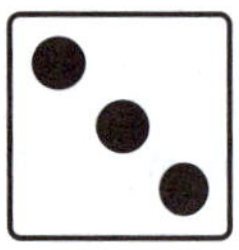 +  = ______

3.  +  = ______

4.  +  = ______

5.  +  = ______

6.  + 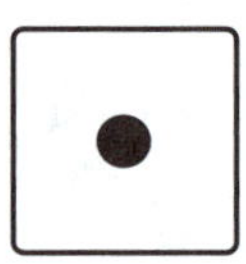 = ______

Doble comparación

Kim y Sam, y Max y Rosa, están jugando a *Doble comparación.*

NOTA Los estudiantes combinan dos cantidades y luego deciden cuál es el total más grande.

MME J6

Encierra en un círculo el par de tarjetas que tenga más.

1. **Tarjetas de Kim** **Tarjetas de Sam**

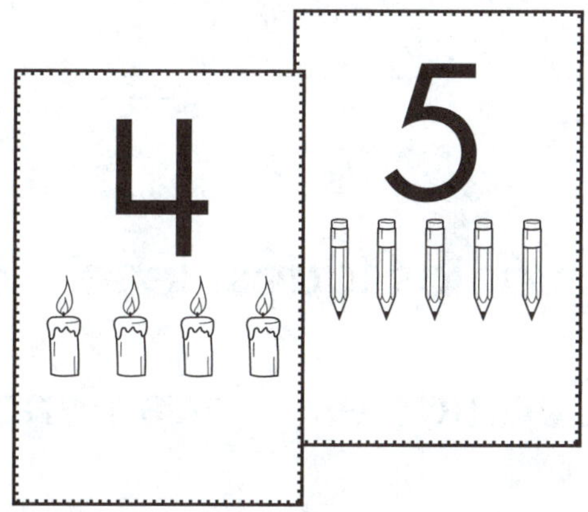

Muestra cómo lo sabes.

2. **Tarjetas de Max** **Tarjetas de Rosa**

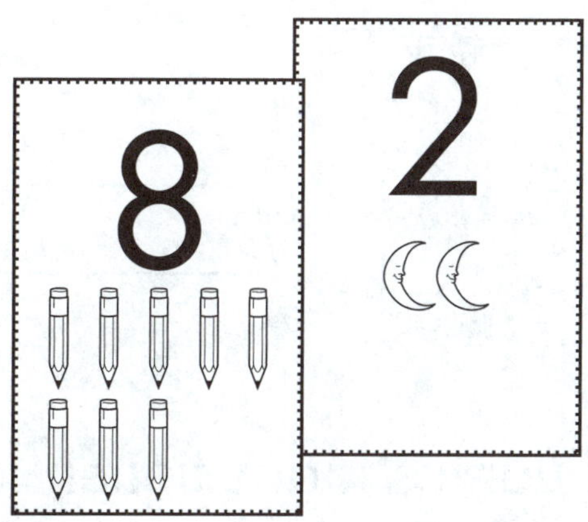

Muestra cómo lo sabes.

Observar con atención

NOTA Los estudiantes practican cómo identificar triángulos y cuadrados.

MME **71–73, 75**

1. Colorea cada triángulo de azul.

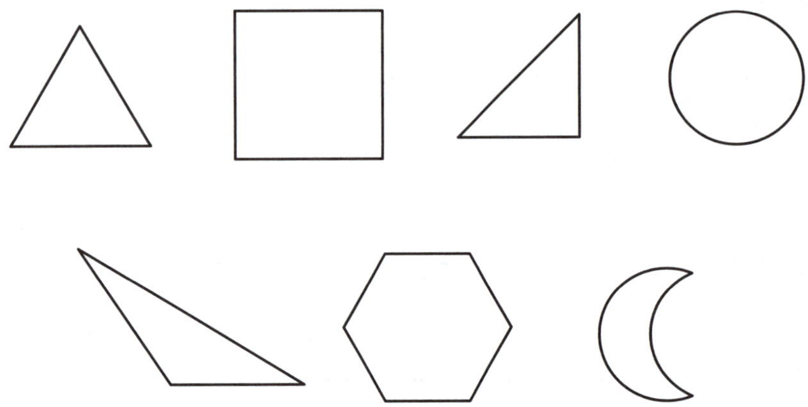

2. ¿Cuántos lados tienen los triángulos? ________

3. ¿Cuántas esquinas tienen? ________

4. Colorea cada cuadrado de rojo.

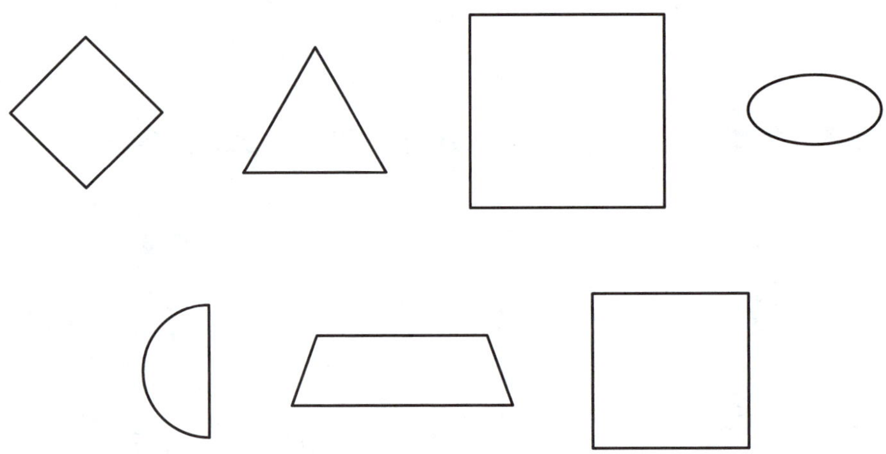

5. ¿Cuántos lados tienen los cuadrados? ________

6. ¿Cuántas esquinas tienen? ________

Adivina mi regla

Encierra en un círculo las figuras que sigan la regla.

NOTA Los estudiantes practican cómo comparar y clasificar figuras según un atributo dado.

MME 75–79

1. **Regla 1:** Tiene 4 esquinas.

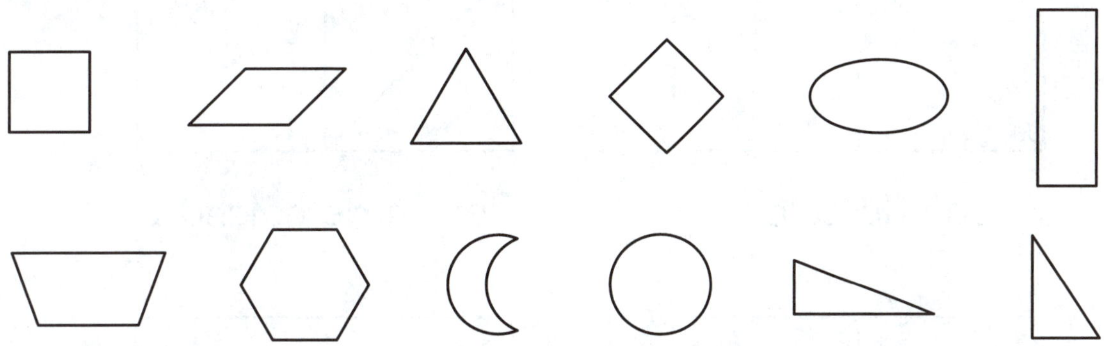

2. **Regla 2:** Tiene 3 lados.

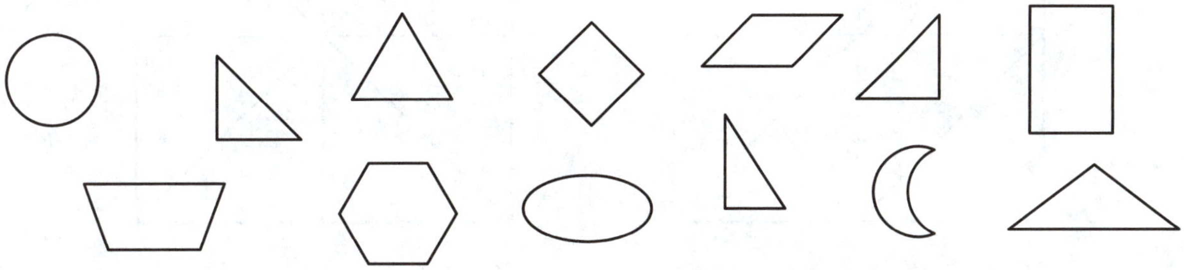

Repaso continuo

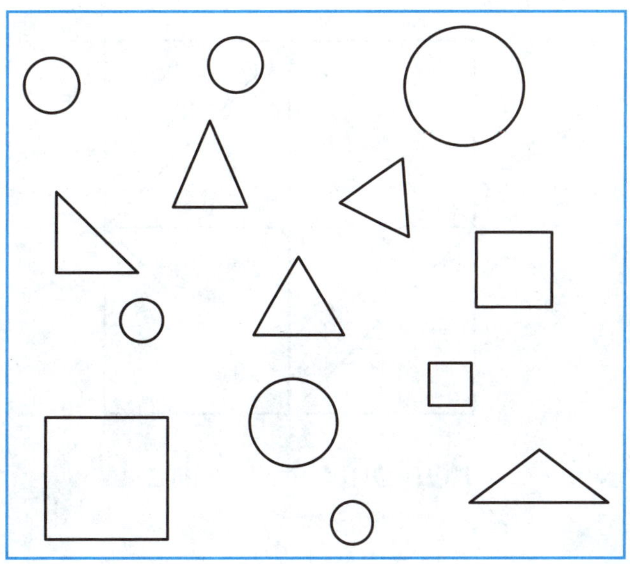

3. ¿Cuántos triángulos hay?

   (A) 6 (C) 4

   (B) 5 (D) 3

4. ¿Cuántos círculos hay?

   (A) 2 (C) 5

   (B) 3 (D) 6

Nombre Fecha

Cuadrados de colcha

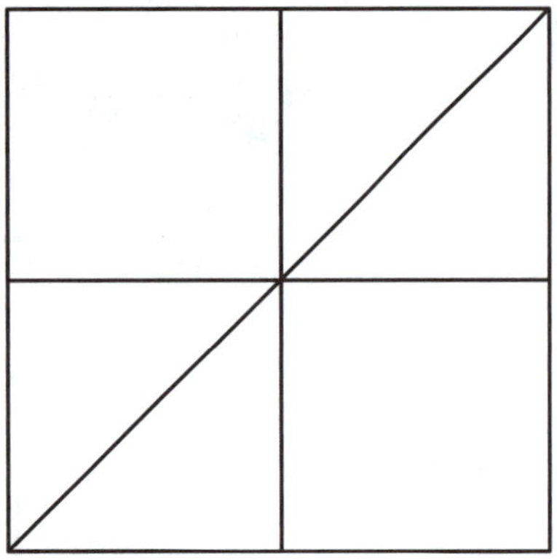

Patrón de colcha A

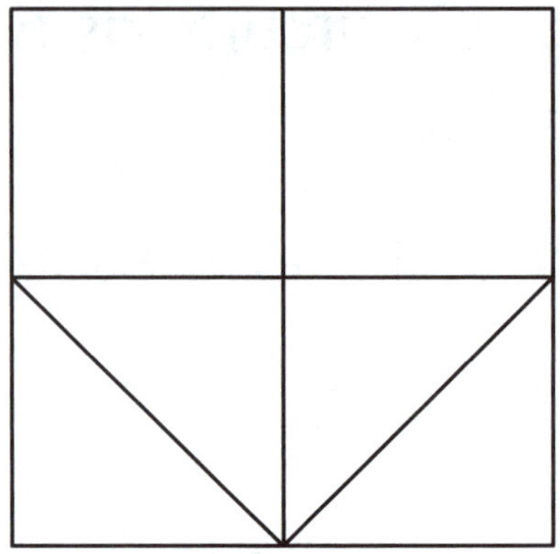

Patrón de colcha B

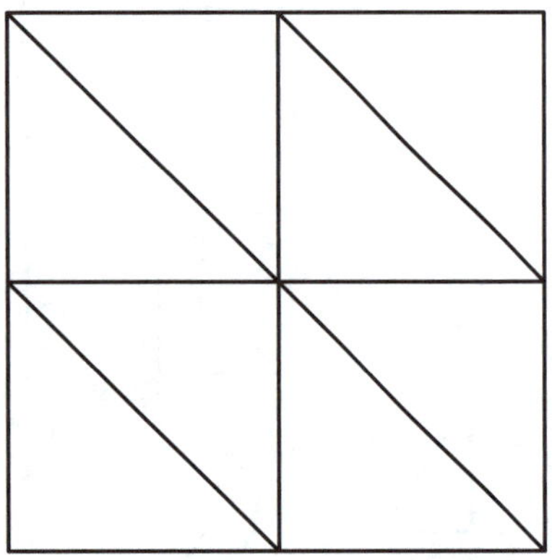

Patrón de colcha C

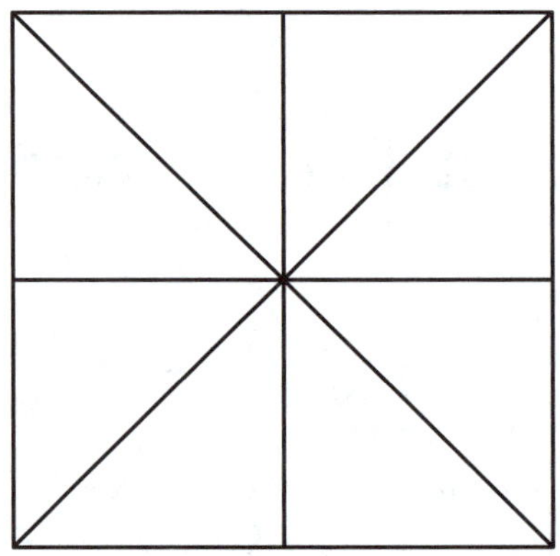

Patrón de colcha D

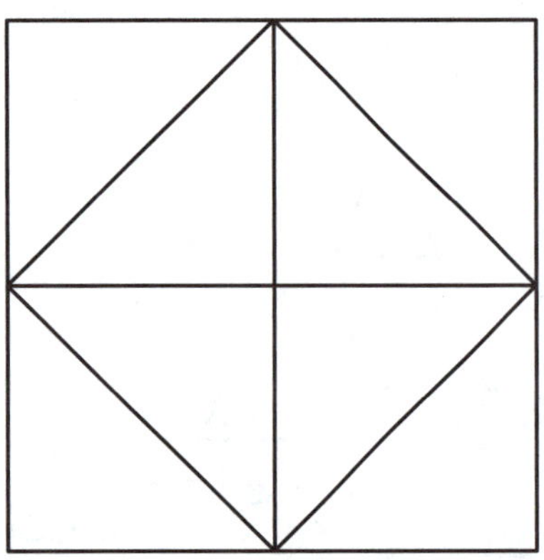

Patrón de colcha E

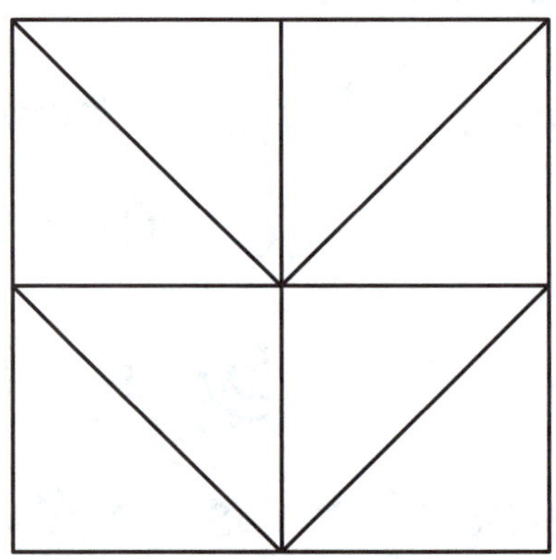

Patrón de colcha F

¿Qué ves?

NOTA Los estudiantes practican cómo comparar e identificar figuras.

MME 71

Dibuja una línea para unir cada oración con una figura o figuras.

1. Veo un triángulo.

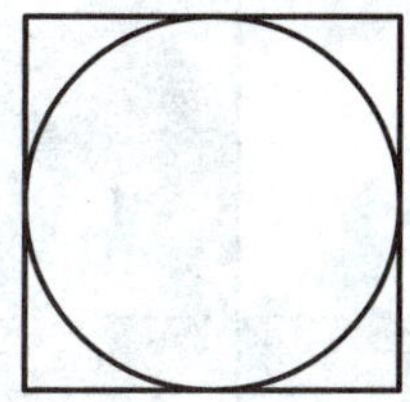

2. Veo un cuadrado dentro de un círculo.

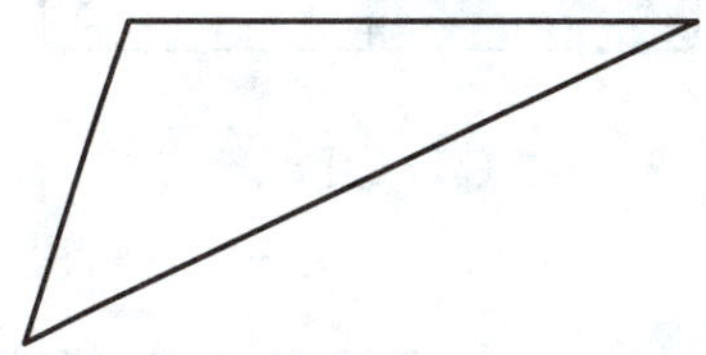

3. Veo un círculo dentro de un cuadrado.

4. Veo una figura sin líneas rectas.

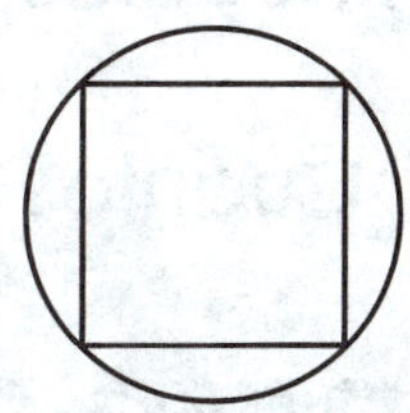

Patrones de colcha

Observa los patrones A y B.
Contesta las preguntas.

NOTA Los estudiantes practican cómo identificar y contar figuras.

MME 82

Patrón A

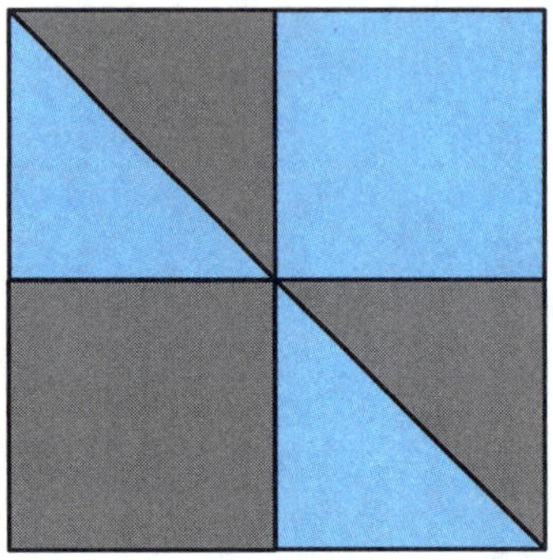

Patrón B

1. ¿Cuántos triángulos azules hay en el patrón A? ____
2. ¿Cuántos triángulos grises hay en el patrón A? ____
3. ¿Cuántos triángulos blancos hay en el patrón A? ____
4. ¿Cuántos triángulos azules hay en el patrón B? ____
5. ¿Cuántos triángulos grises hay en el patrón B? ____
6. ¿Cuántos cuadrados azules hay en el patrón B? ____
7. ¿Cuántos cuadrados grises hay en el patrón B? ____

Repaso continuo

8. ¿Cuántas pelotas hay en el frasco?

   (A) 3 (B) 4 (C) 5 (D) 6

Nombre Fecha

Adivina mi regla

¿Qué tienen en común todas las figuras que están dentro del círculo? Adivina la regla y escríbela debajo.

NOTA Los estudiantes adivinan y dicen la "regla", o atributo, que tienen en común las figuras que están dentro del círculo. Dibujan otra figura que sigue la regla y otra figura que NO sigue la regla. Las figuras que están fuera del círculo NO siguen la regla.

MME 78–79

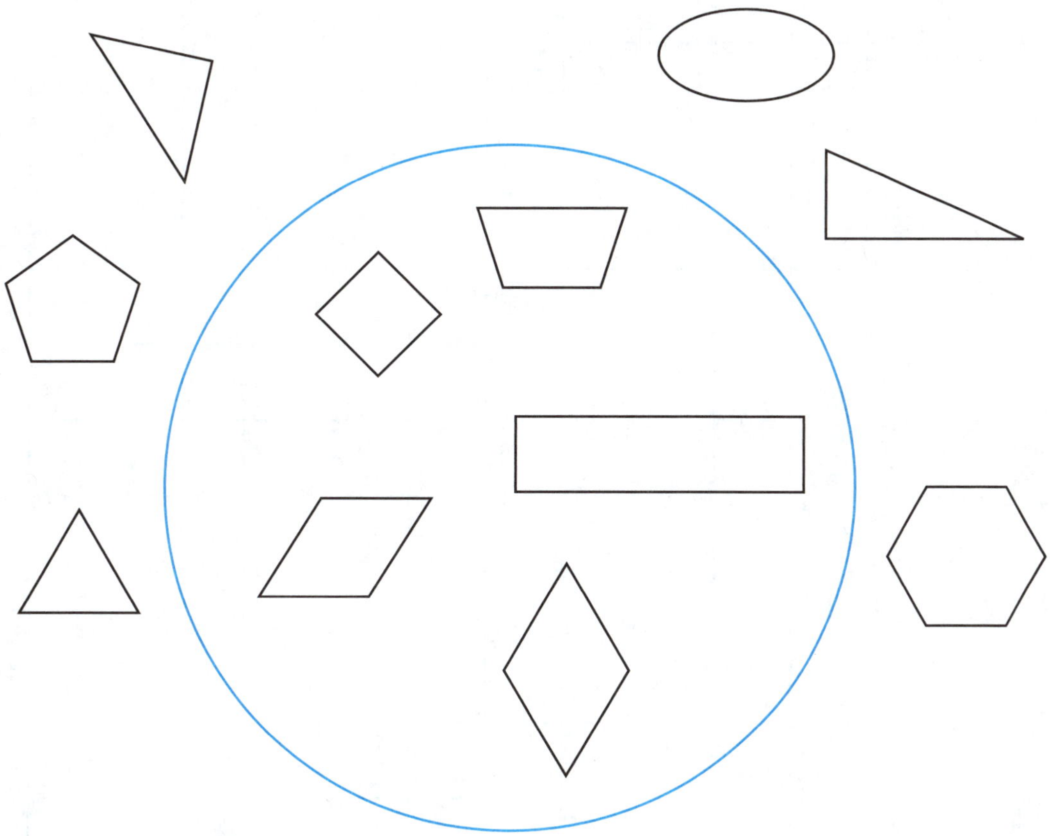

1. Adivina mi regla: ____________________

2. Dibuja 1 figura que siga la regla.

3. Dibuja 1 figura que **no** siga la regla.

Patrones de colcha

NOTA Los estudiantes crean un patrón repitiendo una unidad dada.

MME 82

Usa este cuadrado de colcha para hacer un patrón de colcha.

Elige un color para el color claro.
Elige otro color para el color oscuro.

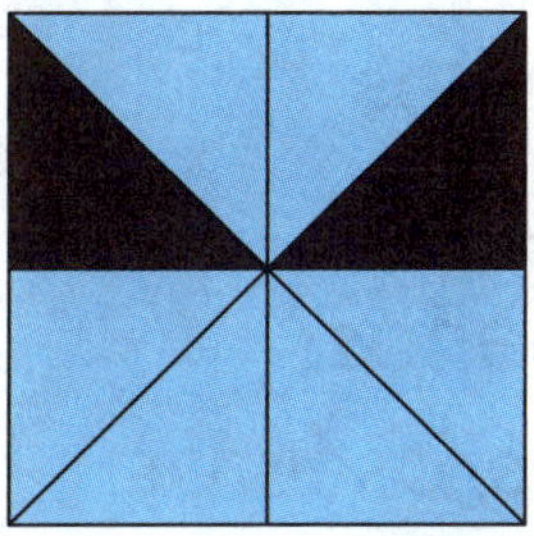

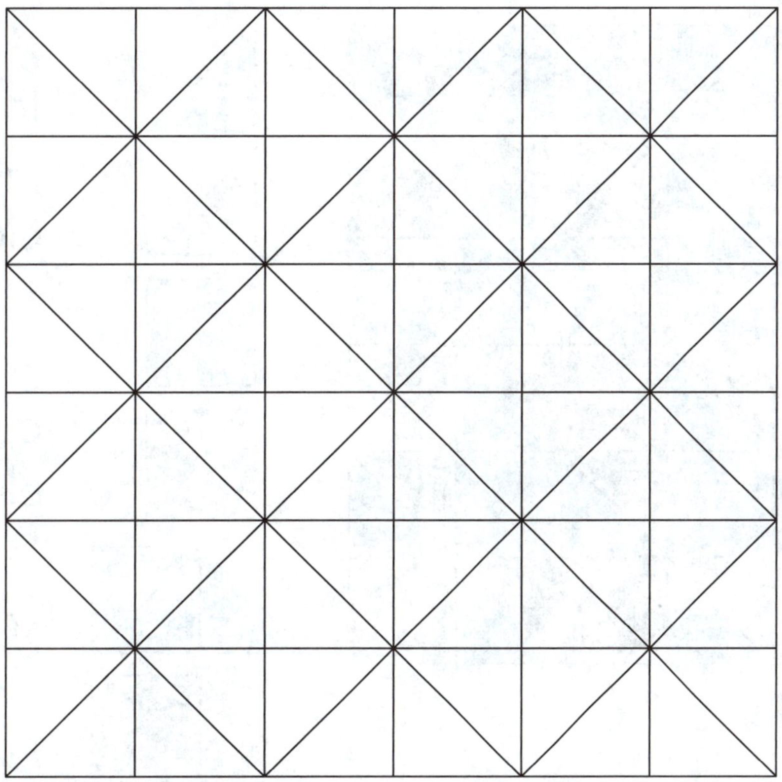

Repaso continuo

¿Qué dibujo muestra **más** mariposas?

Ⓐ Ⓑ Ⓒ Ⓓ

Figuras dentro de figuras

NOTA Los estudiantes identificarán cuántos figuras pueden hallar en el patrón de colcha.

MME 71, 82

Busca en el cuadrado de colcha las figuras que aparecen más abajo. Cuenta cuántas encontraste de cada una.

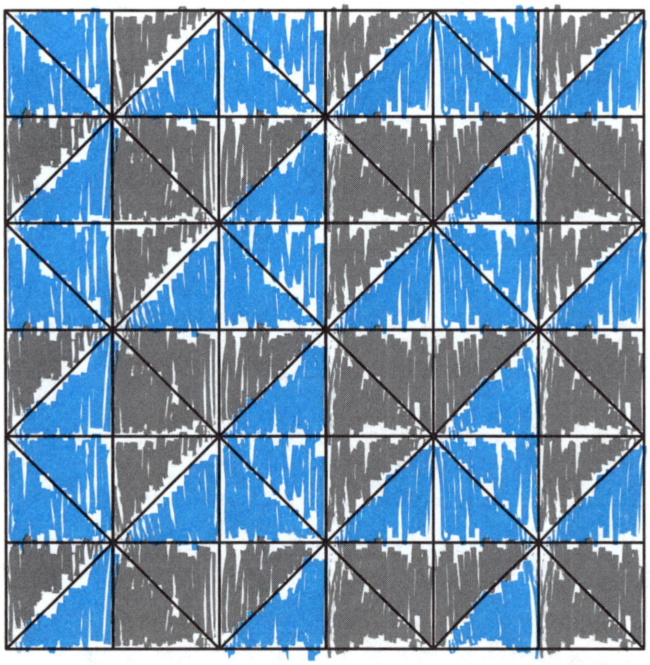

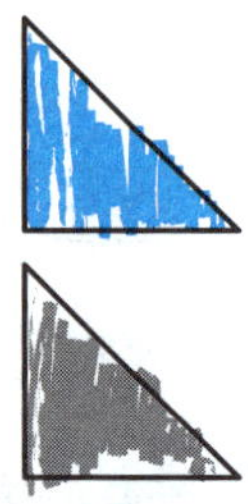

¿Cuántos triángulos pequeños? claros/oscuros

¿Cuántos cuadrados? claros/oscuros

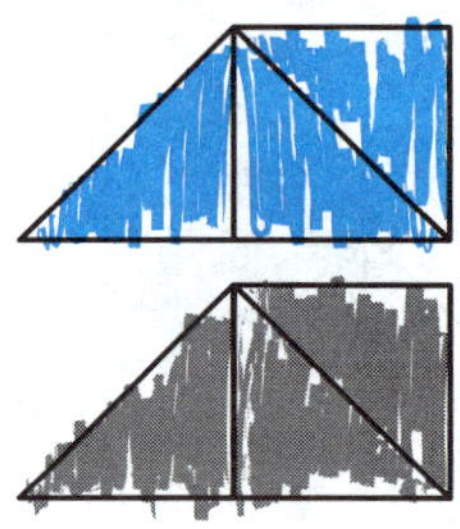

¿Cuántos trapecios? claros/oscuros

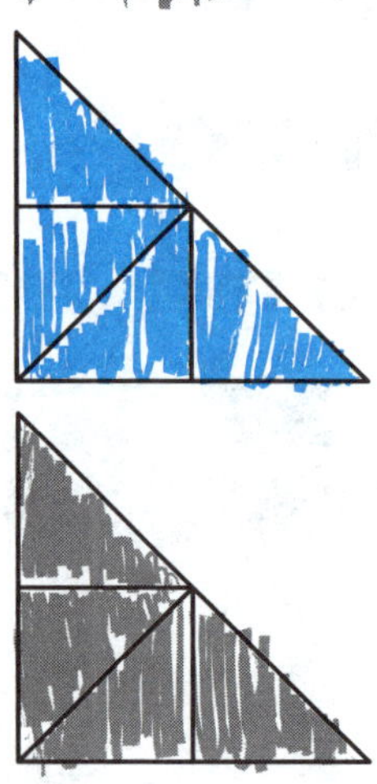

¿Cuántos triángulos grandes? claros/oscuros

Spiral to Infinity Steve Allen

"Fractal images are often made up of small images-within-images, constantly repeating and going smaller and smaller."– Steve Allen

Investigations

IN NUMBER, DATA, AND SPACE®

en español

Cuaderno de actividades

UNIDAD 3

Resolver problemas-cuento

Resolver problemas-cuento

Investigación 1

Investigación 2

Investigación 3

Investigación 4

Nombre Fecha

Nueve juguetes: ¿Cuántos hay de cada uno?

Resuelve el problema. Muestra tu trabajo.

Tengo 9 juguetes.
Algunos son bloques. Otros son canicas.
¿Cuántos de cada uno podría tener?
¿Cuántos bloques? ¿Cuántas canicas?

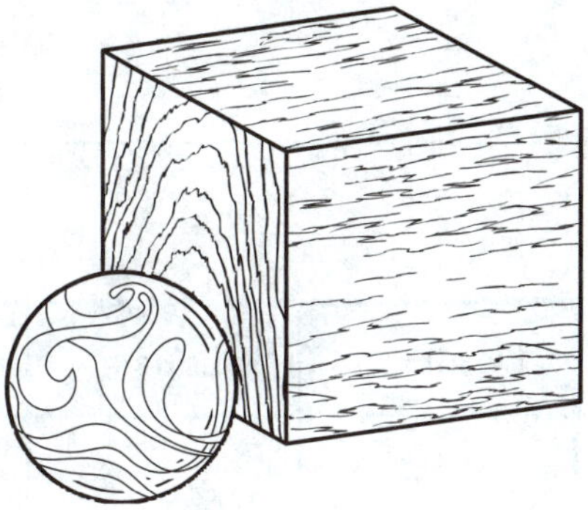

Halla todas las combinaciones que puedas.

Nombre Fecha

Usar un calendario

Éste es un calendario para ti.
Completa los meses y las fechas. Luego busca un lugar en tu casa para colgarlo.

NOTA Los estudiantes practican cómo anotar fechas y cómo crear, leer y usar un calendario como un instrumento para llevar la cuenta del tiempo.

MME 17

____

Nombre del mes

Domingo	Lunes	Martes	Miércoles	Jueves	Viernes	Sábado

Días especiales

______________________________ ______________________________

Nombre Fecha

¿Cuántos tengo escondidos?

Hoja de anotaciones

Número total ________

No está escondido 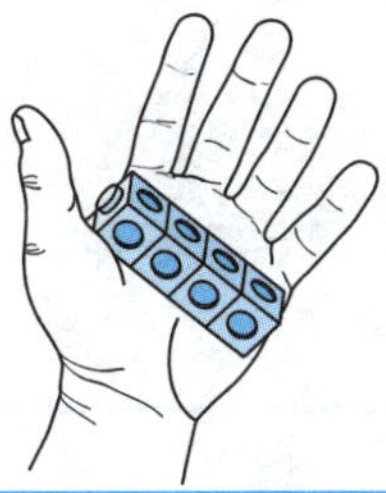	Escondido 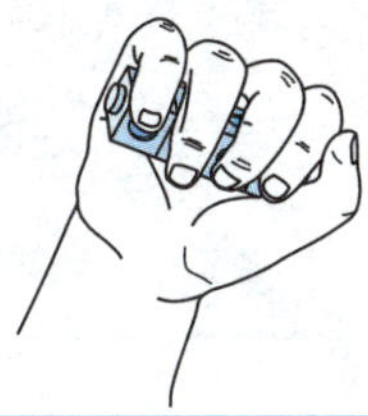

Nombre Fecha

Resolver problemas-cuento

Fichas en un vaso Hoja de anotaciones

Número total ________

Fuera	Dentro
	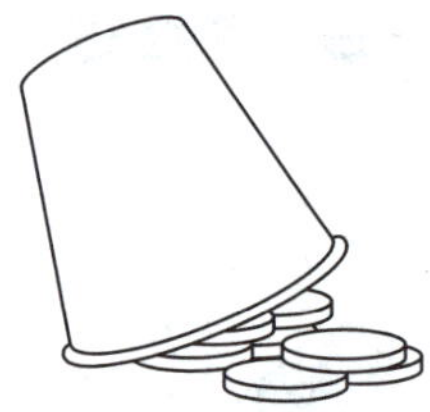

Nombre Fecha

¿Qué hay en el vaso?

Hay **7** fichas en total.
Escribe cuántas hay fuera del vaso.
Escribe cuántas fichas hay dentro del vaso.

NOTA Los estudiantes hallan combinaciones de 7 cuando hay una parte escondida.

MME 33

1.

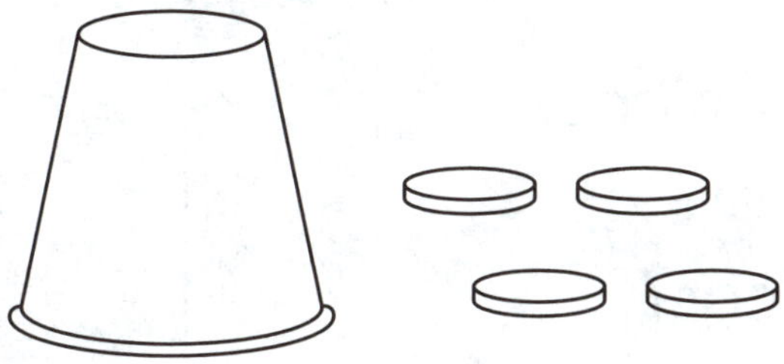

Fuera ______

Dentro ______

2.

Fuera ______

Dentro ______

3.

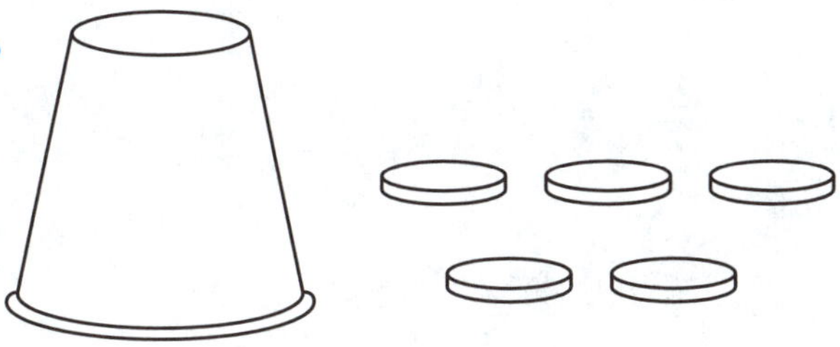

Fuera ______

Dentro ______

4.

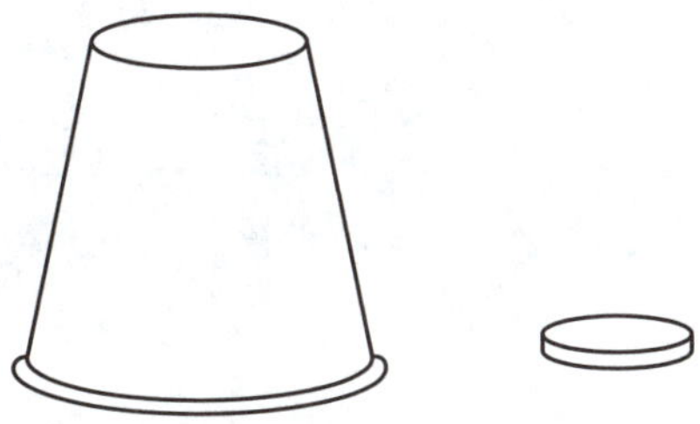

Fuera ______

Dentro ______

Repaso continuo

5. ¿Qué par de tarjetas tiene un total de 7?

1	3		3	4		2	6		5	6

(A) (B) (C) (D)

Nombre Fecha

Resolver problemas-cuento

Diez juguetes: ¿Cuántos hay de cada uno?

Resuelve el problema. Muestra tu trabajo.

Tengo 10 juguetes.
Algunos son bloques. Otros son canicas.
¿Cuántos de cada uno podría tener?
¿Cuántos bloques? ¿Cuántas canicas?

Halla todas las combinaciones que puedas.

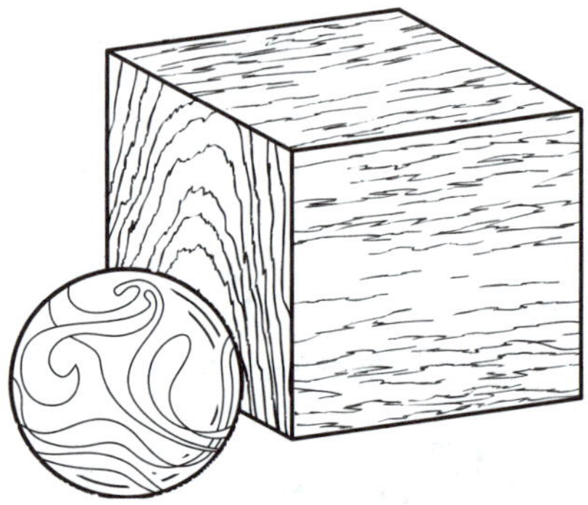

Nombre Fecha

Empezar en/Llegar a

Escribe los números que faltan en la recta numérica. Usa la primera recta numérica como ayuda.

NOTA Los estudiantes practican cómo contar y escribir números.

MME 26, 31, 32

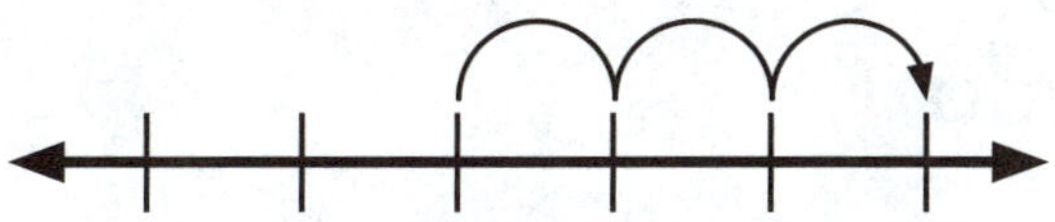

0 1 (2) 3 4 (5)

Empezar en Llegar a

Inténtalo.

1. 

(1) ___ ___ ___ ___ ___ ___ ___ ___ ___ ___ (12)

Empezar en Llegar a

2. 

(10) ___ ___ ___ ___ ___ ___ ___ ___ ___ ___ ___ (22)

Empezar en Llegar a

3. 

(19) ___ ___ ___ ___ ___ ___ ___ ___ ___ ___ (30)

Llegar a Empezar en

Repaso continuo

4. ¿Cuántas de estas figuras tienen 4 lados?

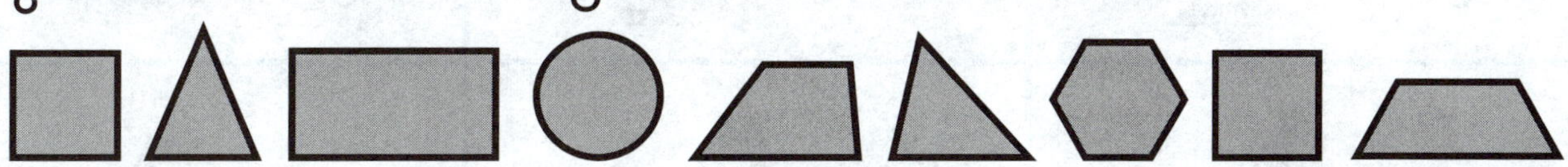

(A) 8 (B) 5 (C) 3 (D) 2

El juego de emparejar

1. Escribe cuántos bloques se usaron en cada diseño.
2. Luego empareja cada diseño con la tabla que muestre cuántos de cada tipo se usaron.

NOTA Los estudiantes determinan el número total de bloques usados en cada diseño y luego emparejan el diseño con la lista de bloques correcta.

Diseño 1 ______	Diseño 2 ______	Diseño 3 ______
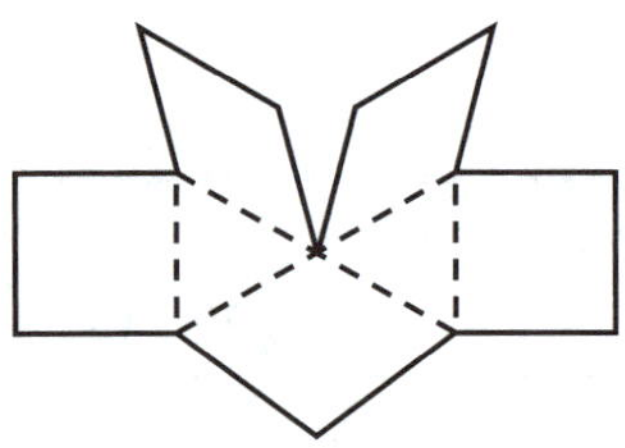	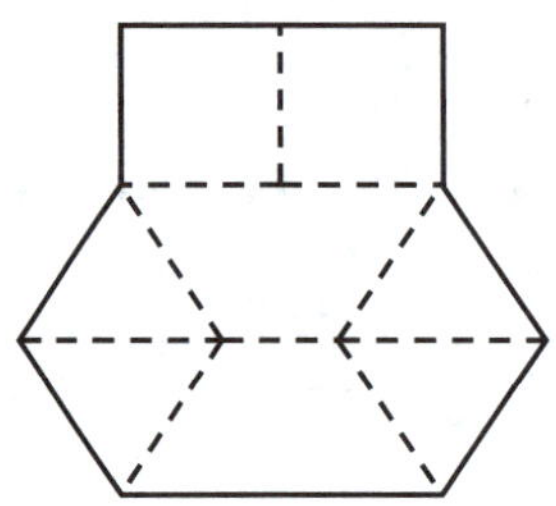	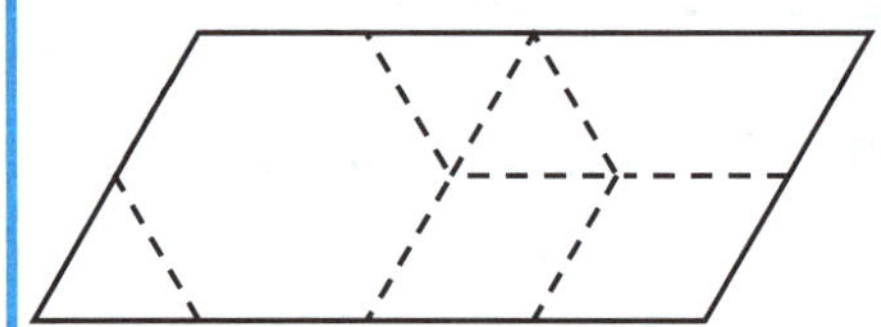

1	0	0
1	0	2
2	1	0
0	2	2
0	2	0
3	2	4

Ocho juguetes: ¿Cuántos hay de cada uno?

Resuelve el problema. Muestra tu trabajo.

NOTA Este problema se trata de hallar combinaciones de números que sean igual a 8. Hay varias soluciones posibles.

MME 46

Tengo 8 juguetes.
Algunos son bloques. Otros son canicas.
¿Cuántos de cada uno podría tener?
¿Cuántos bloques? ¿Cuántas canicas?

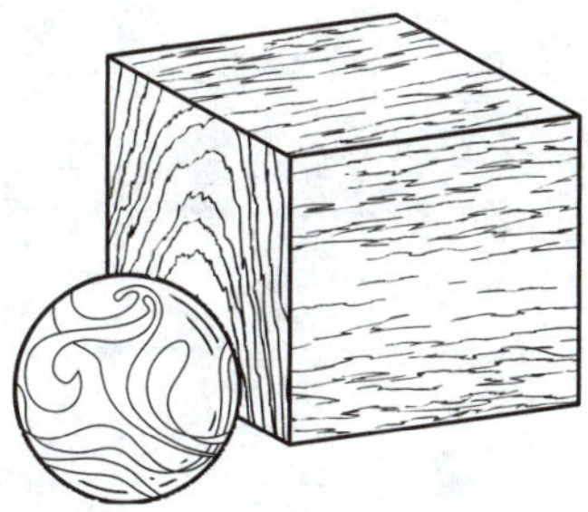

Halla todas las combinaciones que puedas.

Nombre Fecha

Resolver problemas-cuento

Práctica diaria

Suma de puntos: ¿Qué falta?

NOTA Los estudiantes usan lo que saben sobre combinaciones para formar cada total.

MME J5

Completa las tarjetas que faltan.
Puedes usar estas tarjetas. 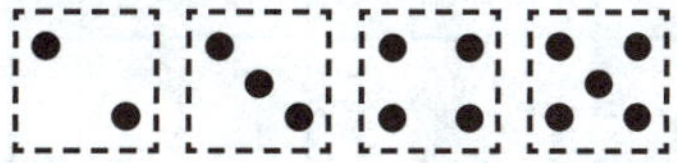

6 = 

8 = 

9 = 

10 = 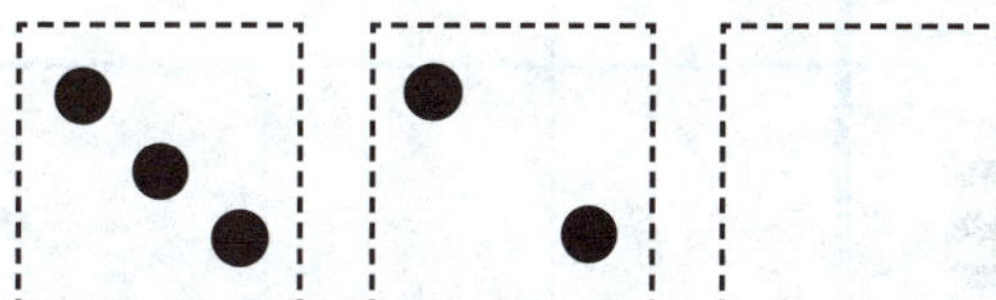

11 = 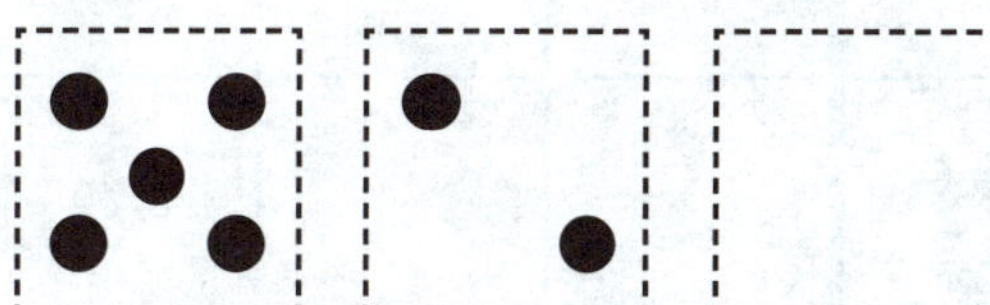

Nombre Fecha

Lanzar y anotar Hoja de anotaciones

2								
3								
4								
5								
6								
7								
8								
9								
10								
11								
12								

Más de ¿Qué hay en el vaso?

NOTA Los estudiantes hallan combinaciones de 10 cuando hay una parte escondida.

MME **J4**

Hay **10** fichas en total.

Escribe cuántas hay fuera del vaso.

Escribe cuántas hay dentro del vaso.

1.

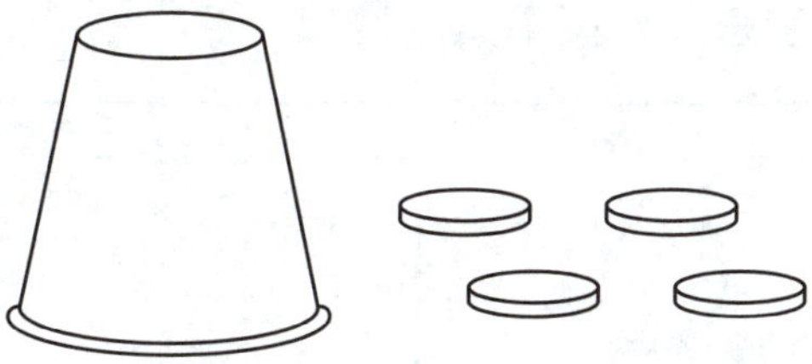

Fuera ________

Dentro ________

2.

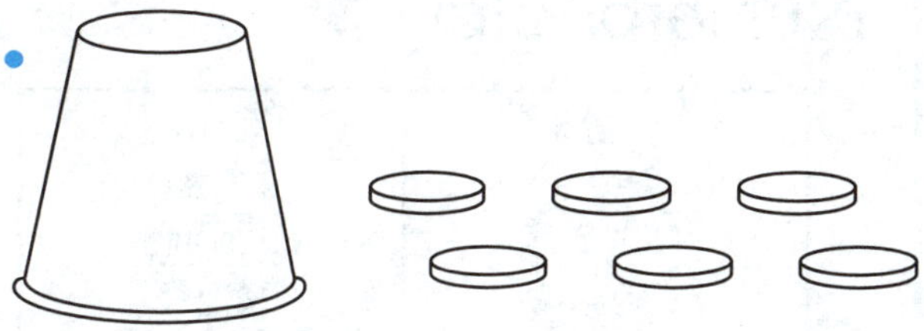

Fuera ________

Dentro ________

3.

Fuera ________

Dentro ________

4.

Fuera ________

Dentro ________

Repaso continuo

5. ¿Qué par de tarjetas tiene un total de 12?

7	3

Ⓐ

8	2

Ⓑ

6	6

Ⓒ

5	6

Ⓓ

Nombre Fecha

Monedas de 1¢: Cara o cruz

NOTA Los estudiantes continúan hallando combinaciones de números.

MME 46

Imagina que estás jugando a *Cara o cruz*. Completa la tabla de cada partido.

Número total: **5**

Cara	Cruz
	2

Número total: **9**

Cara	Cruz
7	

Número total: **10**

Cara	Cruz
7	

Número total: **11**

Cara	Cruz
	2

Número total: **8**

Cara	Cruz
4	

Número total: **10**

Cara	Cruz
4	

Nombre Fecha

¿Cuántos carros de juguete?

(página 1 de 2) Escritura

Resuelve el problema. Muestra tu trabajo.

Kim tiene 7 carros de juguete.
Sam tiene 6 carros de juguete.

¿Cuántos carros de juguete tienen en total?

Nombre Fecha

Resolver problemas-cuento

¿Cuántos carros de juguete?

(página 2 de 2)

Resuelve el problema. Muestra tu trabajo.

Max tiene 6 carros de juguete.
Rosa tiene 5 carros de juguete.
Kim tiene 4 carros de juguete.

¿Cuántos carros de juguete tienen en total?

Nombre Fecha

¿Cuántas canicas?

Resuelve el problema. Muestra tu trabajo.

NOTA Los estudiantes combinan tres cantidades para resolver un problema-cuento de suma.

MME 33–37

Sam tiene 4 canicas.
Rosa tiene 4 canicas.
Kim tiene 3 canicas.

¿Cuántos carros de juguete tienen en total?

Resolver un problema-cuento

NOTA Los estudiantes combinan dos cantidades para resolver un problema-cuento.

MME 48–49

Resuelve el problema. Muestra tu trabajo.

Kim compró 9 lápices.
Sam le dio 7 lápices más.

¿Cuántos lápices tiene Kim ahora?

Nombre Fecha

Lanzar y anotar: Resta

Hoja de anotaciones

1	2	3	4	5	6	7	8	9	10	11

Nombre Fecha

15 es el número

NOTA Los estudiantes hallan combinaciones de 15 (9 y 6, 10 y 5, etcétera).

Dibuja puntos de manera que haya 15 en total.
Escribe cuántos puntos hay en cada parte.

1.

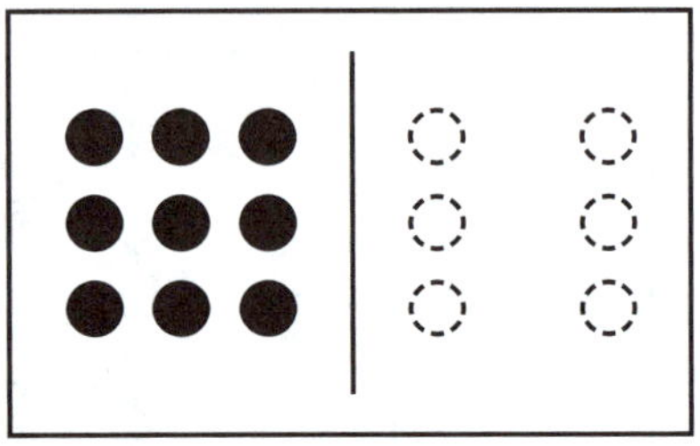

9 ______ 6 ______

2.

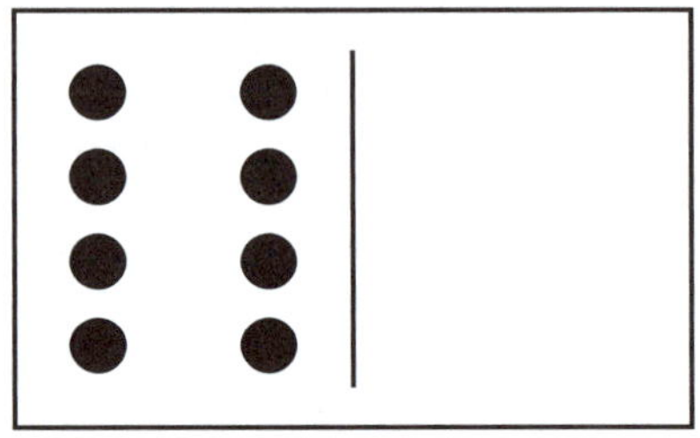

______ ______

3.

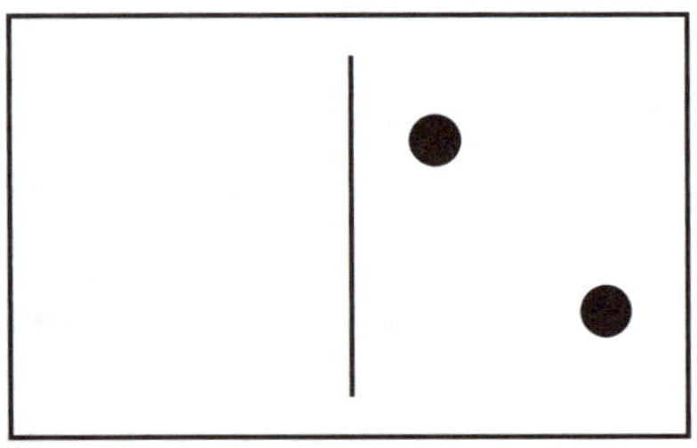

______ ______

4.

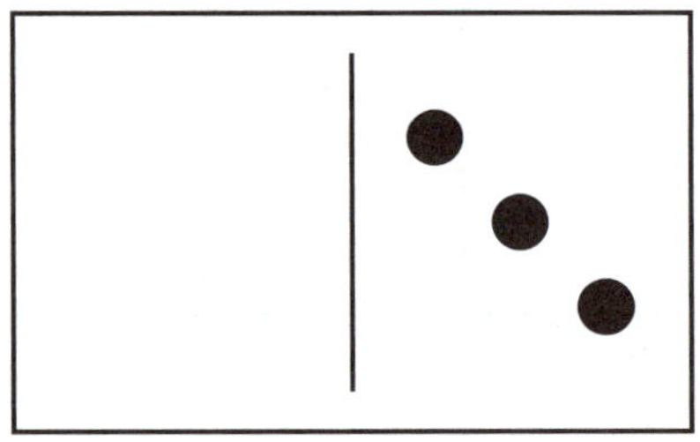

______ ______

5.

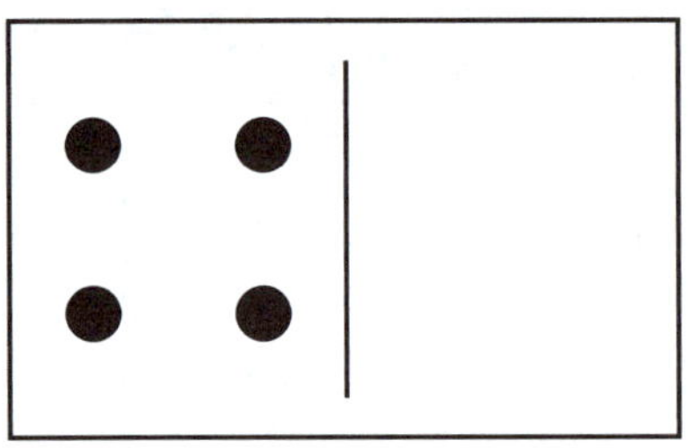

______ ______

6.

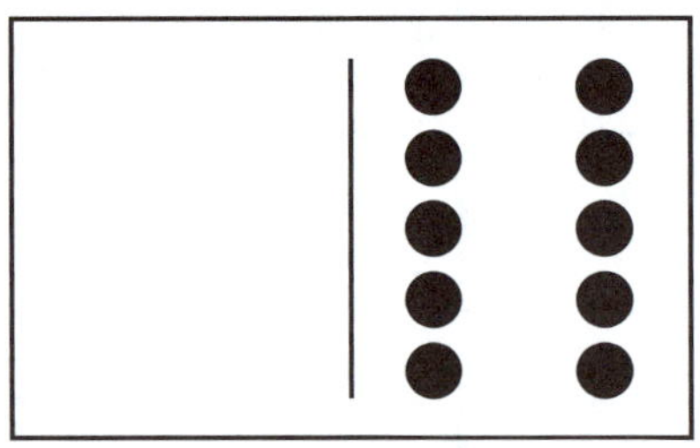

______ ______

Repaso continuo

7. ¿Cuántos estudiantes hay en esta clase?

Estudiantes de esta clase

24	22	21	19
(A)	(B)	(C)	(D)

Nombre Fecha

Resolver problemas-cuento

¿Cuántas ardillas? (página 1 de 2)

Escritura

Resuelve el problema. Muestra tu trabajo.

Había 12 ardillas en el suelo.
Luego, 4 de ellas subieron corriendo a un árbol.
¿Cuántas se quedaron en el suelo?

Nombre Fecha

Resolver problemas-cuento

¿Cuántas ardillas? (página 2 de 2)

Resuelve el problema. Muestra tu trabajo.

Vi 15 ardillas en el parque.
Luego, 8 se fueron corriendo.
¿Cuántas ardillas quedaron?

Hallar el total

Escribe el número total.

NOTA Los estudiantes combinan dos cantidades dadas para hallar el total.

MME J19

1. 1 + 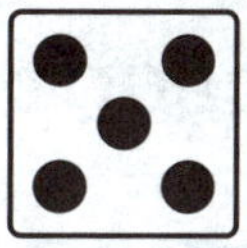 = ______

2. 6 + 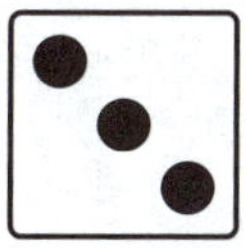 = ______

3.  + 5 = ______

4.  + 4 = ______

5.  + 4 = ______

6. 6 +  = ______

Nombre Fecha

Resolver problemas-cuento

¿Cuántas manzanas? (página 1 de 2)

Resuelve el problema. Muestra tu trabajo.

Max recogió 12 manzanas.
Le dio 6 a Rosa.
¿Con cuántas manzanas se quedó Max?

Nombre Fecha

Resolver problemas-cuento

¿Cuántas manzanas? (página 2 de 2)

Resuelve el problema. Muestra tu trabajo.

Max tenía 12 manzanas.
Le dio 7 a Rosa.
¿Con cuántas manzanas se quedó Max?

Nombre Fecha

Rellenar los puntos

Dibuja puntos en las tarjetas para formar cada número. Usa sólo las tarjetas de puntos que se muestran.

NOTA Los estudiantes determinan combinaciones de tarjetas de puntos que formen los números dados.

MME 48

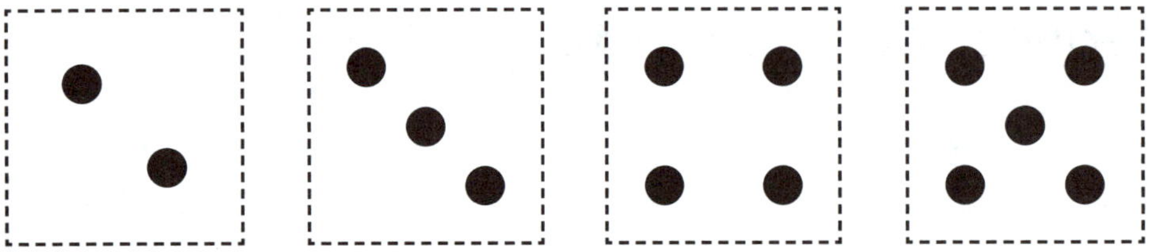

1. Formar 6
2. Formar 7
3. Formar 9
4. Formar 11
5. Formar 14

Nombre Fecha

Problemas-cuento (página 1 de 2)

Resuelve los problemas. Muestra tu trabajo.

1. Rosa tenía 11 libros de la biblioteca.
Devolvió 4.
¿Cuántos libros tiene Rosa ahora?

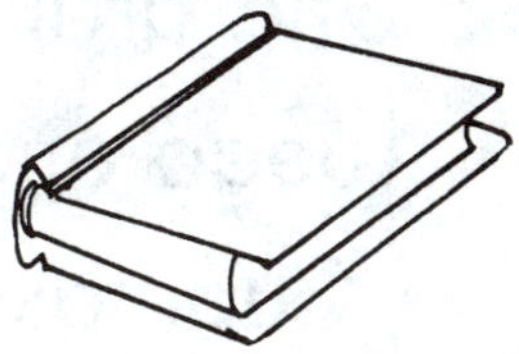

2. En el parque había 10 niños jugando.
Luego llegaron 8 más para jugar.
¿Cuántos niños había en el parque?

Nombre Fecha

Problemas-cuento (página 2 de 2)

Resuelve los problemas. Muestra tu trabajo.

3. Una ardilla encontró 8 nueces.
Luego encontró 7 nueces más.
¿Cuántas nueces encontró?

4. Max tiene 5 galletas.
Sam tiene 7 galletas.
¿Cuántas tienen en total?

Nombre Fecha

Más problemas-cuento (página 1 de 2)

Resuelve los problemas. Muestra tu trabajo.

1. Rosa tenía 15 monedas de 1¢.
Gastó 5 monedas de 1¢.
¿Cuántas monedas de 1¢ le sobraron?

2. Kim vio 20 patos en el lago.
Luego, 9 patos se fueron volaron.
¿Cuántos patos se quedaron en el lago?

Nombre Fecha

Más problemas-cuento (página 2 de 2)

Resuelve los problemas. Muestra tu trabajo.

3. Rosa estuvo recogiendo piedras.
Halló 6 piedras.
Luego halló 1 piedra.
Después halló 4 piedras más.
¿Cuántas piedras halló?

4. Rosa estuvo recogiendo flores.
Recogió 8 flores.
Luego recogió 2 flores.
Después recogió 1 flor.
¿Cuántas flores recogió?

Nombre Fecha

Resolver problemas-cuento

Práctica diaria

Contar en una recta numérica

NOTA Los estudiantes practican cómo escribir números y contar hacia adelante desde un número distinto de uno.

MME **26, 31, 32**

Escribe los números que faltan en la recta numérica. Usa la primera recta numérica como ayuda.

25 26 (27) 28 29 (30)

Empezar en Llegar a

Inténtalo.

1. 

15 16 17 (18) ___ ___ ___ ___ ___ (24)

Empezar en Llegar a

2. 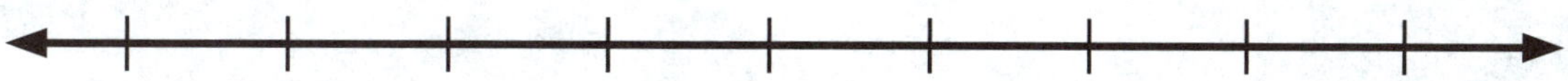

20 (21) ___ ___ ___ ___ ___ ___ (28)

Empezar en Llegar a

3. 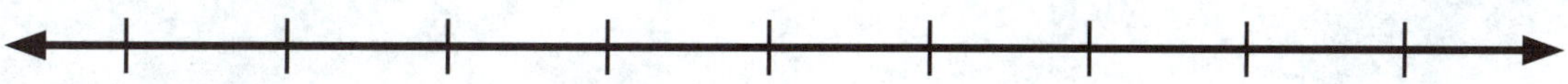

35 (36) ___ ___ ___ ___ ___ ___ (43)

Empezar en Llegar a

Nombre Fecha

Resolver problemas-cuento

El número de hoy: 9

El número de hoy es 9.

9

Nueve

~~||||~~ ||||

¿De cuántas maneras puedes formar el número de hoy?
Muestra las maneras.

¿Cómo lo hicieron?

NOTA Los estudiantes determinan qué pares de números tienen sumas de 7, 9, 11, 6 y 2.

MME J9

1. Observa el tablero de Cinco en fila de Rosa y Max. Encierra en un círculo los pares de números que usaron para ganar.

6 y 6 6 y 5

5 y 4 1 y 5

2 y 2 2 y 3

6 y 4 3 y 4

1 y 1 2 y 1

2	12	7	6	12
9	5	4	10	8
7	9	11	6	2
9	5	11	3	10
11	3	8	4	2

Repaso continuo

2. ¿Qué tren de cubos tiene más cubos que la torre de la derecha?

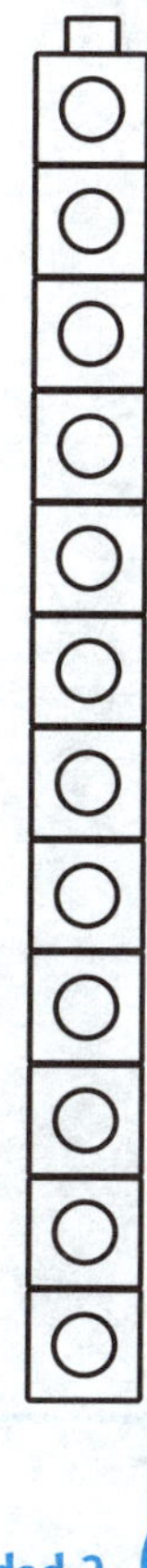

Ⓐ 

Ⓑ 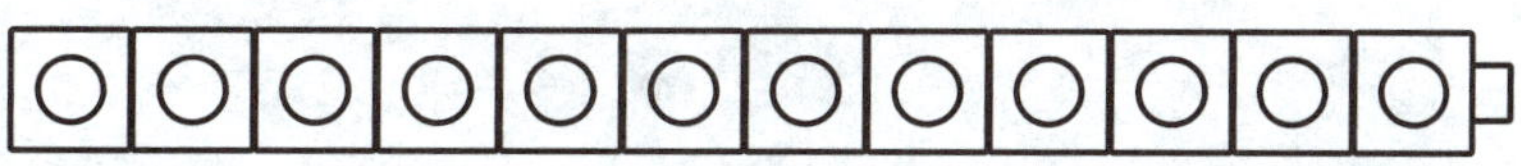

Ⓒ 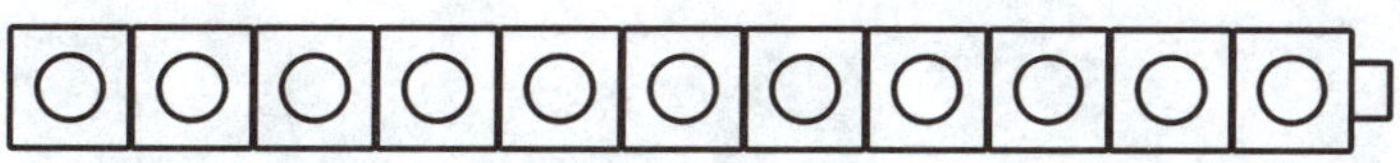

Ⓓ 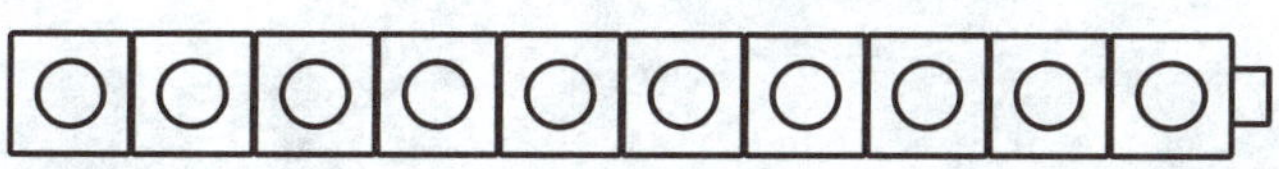

Nombre Fecha

El número de hoy: 10

El número de hoy es 10.

10

Diez

¿De cuántas maneras puedes formar el número de hoy?
Muestra las maneras.

Nombre Fecha

Resolver problemas-cuento

Práctica diaria

Problemas de resta

Resta. Escribe las respuestas.

NOTA Los estudiantes restan una cantidad de otra.

MME **J20**

1.  −  = ______

2.  −  = ______

3.  −  = ______

4.  −  = ______

5.  −  = ______

6.  − 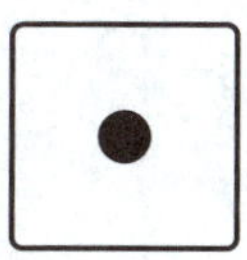 = ______

Nombre Fecha

Resolver problemas-cuento

El número de hoy: 12

El número de hoy es 12.

12

Doce

¿De cuántas maneras puedes formar el número de hoy?
Muestra las maneras.

Nombre Fecha

Seguir las reglas

Elige una regla y enciérrala en un círculo. Luego encierra en un círculo las figuras que siguen la regla.

NOTA Los estudiantes eligen una manera de clasificar cada grupo de figuras y luego encerrar en un círculo aquellas que siguen la regla.

MME 76

1. Regla 1: Tiene 4 lados, o
Regla 2: Tiene curvas.

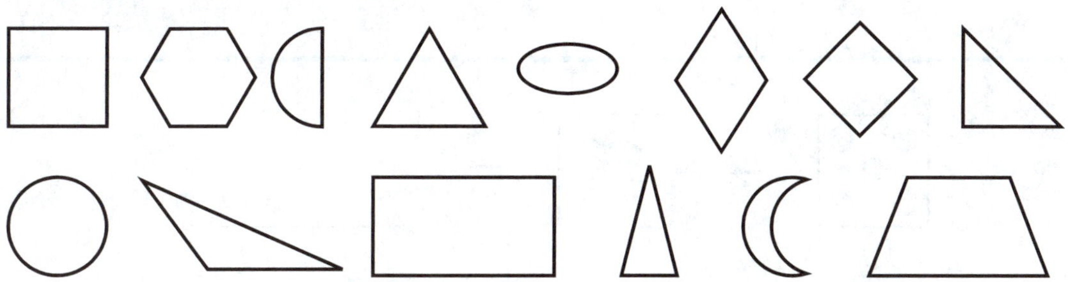

2. Regla 1: Tiene lados rectos, o
Regla 2: Tiene 3 esquinas.

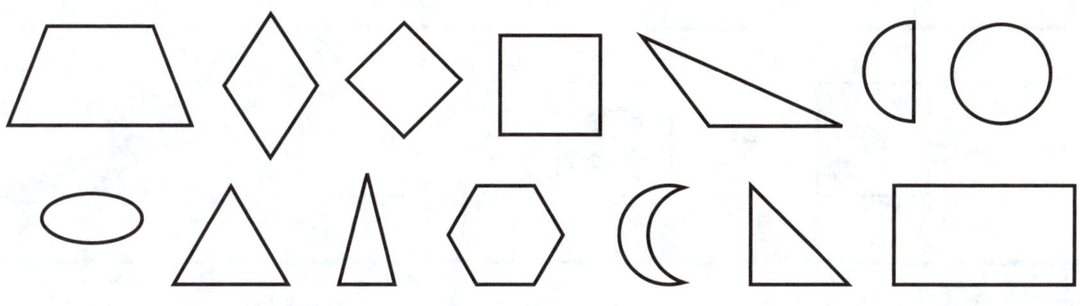

Repaso continuo

3. Max tenía 8 tarjetas de beisbol. Le dio 3 a su amigo Sam. ¿Cuántas tarjetas de beisbol tiene Max ahora?

1	5	7	8
Ⓐ	Ⓑ	Ⓒ	Ⓓ

Nombre Fecha

Lanzar y anotar: ¿Qué falta?

NOTA Los estudiantes resuelven problemas de suma combinando dos cantidades para hallar el total o hallando la parte que falta.

MME J19

1. 9 + ☐ = 10

2.  + 5 = ______

3. ☐ +  = 10

4.  + 3 = ______

5. ☐ + 2 = 10

6. 7 + 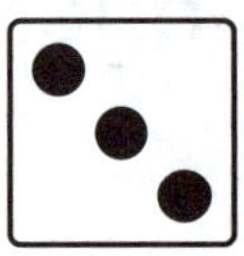 = ______

Nombre Fecha

Números que faltan

Encierra en un círculo 5, 8, 14 y 19.

NOTA Los estudiantes practican cómo identificar, contar y escribir números.

MME 6–10

1.

1	2	3	4	5	6	7	8	9	10
11	12	13	14	15	16	17	18	19	20

Completa con los números que faltan.

2.

1		3		5		7		9	
11		13		15		17		19	

3.

	2		4		6		8		10
	12		14		16		18		20

4.

21		23	24			27	28		30
	32	33	34	35			38	39	

5.

	22	23		25	26			29	30
31		33			36	37			40

¿Cuántos?

Resuelve los problemas.
Muestra tu trabajo.

NOTA Los estudiantes practican cómo resolver problemas-cuento de suma y resta.

MME 33–37, 38–42

1. Rosa tenía 10 conchas.
Le dio 6 a Max.
¿Cuántas conchas le sobraron a Rosa?

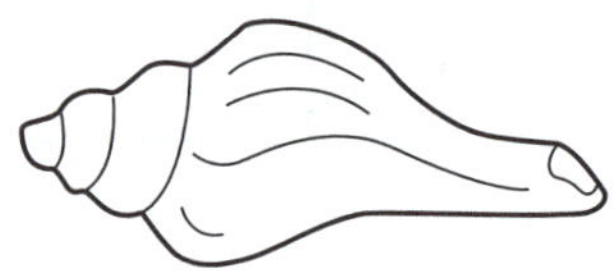

2. Kim tiene 5 canicas.
Sam le da 7 más.
¿Cuántas canicas tiene Kim ahora?

¿Qué salió mal?

Éstas son partes de 5 tiras de conteo.
Corrige los errores.

> **NOTA** Los estudiantes usan lo que saben sobre la secuencia de conteo para identificar y corregir errores.
>
> MME 6–10, 21–23

13
14
~~14~~
15
16
18 ← 17
19
20
21
22

1.

21
22
23
25
26

2.

17
19
20
21
22

3.

9
10
11
12
14

4.

25
26
27
29
30

Repaso continuo

6. ¿Cuántos niños contestaron esta pregunta?

7	12	16	22
Ⓐ	Ⓑ	Ⓒ	Ⓓ

¿Usas anteojos?

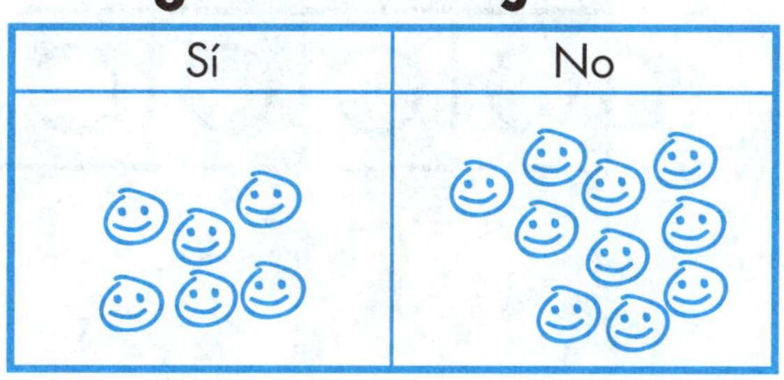

Y el total es . . .

NOTA Los estudiantes crean un diseño con bloques de patrón; luego determinan el número de cada tipo de bloque utilizado y el número total de bloques de su diseño.

1. Colorea los bloques de patrón para hacer un diseño.

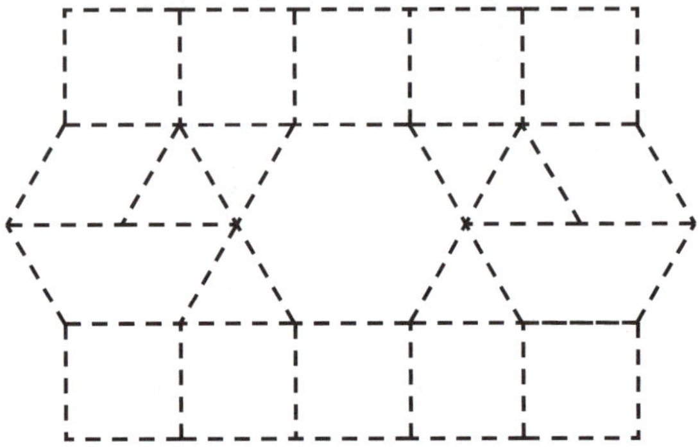

Completa la tabla para decir cuántos bloques de cada tipo hay en tu diseño.

Figura						Total
¿Cuántos?						

Repaso continuo

2. Este tren debe tener 12 cubos.
¿Cuántos cubos más se necesitan?

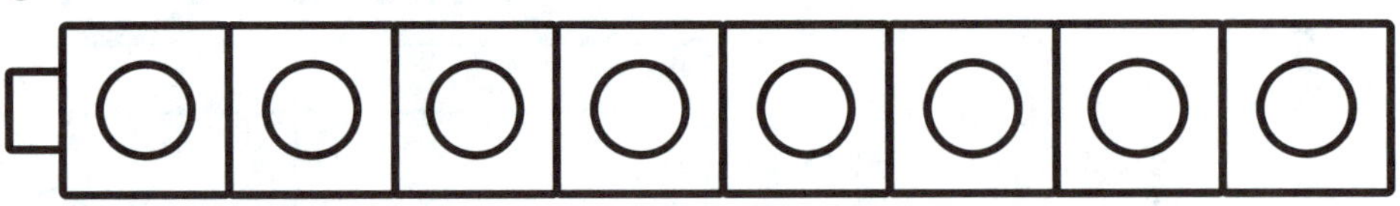

8	5	4	3
Ⓐ	Ⓑ	Ⓒ	Ⓓ

Nombre Fecha

Resolver problemas-cuento

Tarea

Tiras de conteo en el hogar

NOTA Los estudiantes practican cómo escribir números y contar hacia delante desde un número diferente de uno.

MME 6–16, 21–23

Escribe los números que faltan en estas tiras de conteo.

12	23	45
13	24	46
14	25	47

¿Cuántos crayones hay?

Resuelve el problema.
Muestra tu trabajo.

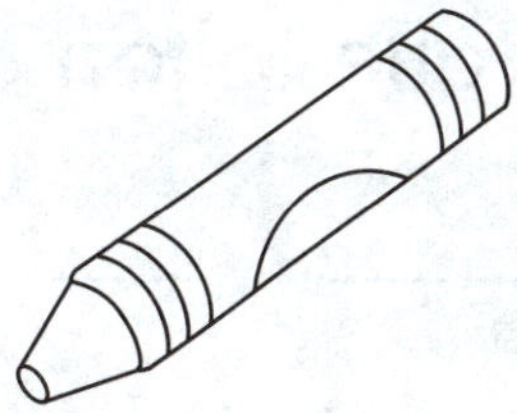

Kim tiene 11 crayones.
Le presta 8 crayones a Sam.
¿Cuántos crayones tiene Kim ahora?

NOTA Los estudiantes restan una cantidad de otra para resolver un problema-cuento.

MME 38–42

Números que faltan Hoja de anotaciones

Vuelta 1: Creo que faltan estos números.

_____ _____ _____ _____ _____

_____ _____ _____ _____ _____

Vuelta 2: Creo que faltan estos números.

_____ _____ _____ _____ _____

_____ _____ _____ _____ _____

Vuelta 3: Creo que faltan estos números.

_____ _____ _____ _____ _____

_____ _____ _____ _____ _____

Vuelta 4: Creo que faltan estos números.

_____ _____ _____ _____ _____

_____ _____ _____ _____ _____

Nombre Fecha

Completar la tabla de 100

NOTA Los estudiantes practican cómo resolver combinaciones de suma y establecer una secuencia de números del 1 al 100.

MME 27, 29

Completa la tabla de 100. Escribe los números que faltan.

1	2	3	4		6	7	8	9	
11	12		14	15	16	17	18	19	20
21	22	23		25	26	27	28	29	30
31		33	34	35	36	37	38	39	40
41	42	43	44	45	46	47	48	49	50
	52	53	54	55	56		58	59	60
61	62	63		65	66	67	68	69	70
71	72	73	74		76	77	78	79	80
81	82	83	84	85		87		89	90
91	92	93	94	95	96	97	98	99	

Más tiras de conteo en el hogar

Escribe los números que faltan en estas tiras de conteo.

NOTA Los estudiantes continúan practicando cómo escribir números y contar hacia adelante desde un número diferente de uno.

MME 6–16, 21–23

7	32	55
8	33	56
9	34	57

Nombre Fecha

Resolver problemas-cuento

Práctica diaria

¿Qué números faltan?

Completa la tabla de 100. Escribe los números que faltan.

NOTA Los estudiantes usan lo que saben sobre la secuencia de conteo y los patrones de la tabla de 100 para completar con los números que faltan.

MME 27–29

	2	3	4	5	6	7	8	9	10
11	12	13	14	15	16	17		19	20
21	22	23	24		26	27	28	29	30
	32	33	34	35	36	37	38	39	40
41	42		44	45	46	47	48	49	50
51	52	53	54	55	56	57	58	59	
61	62	63		65	66		68	69	70
71	72	73	74	75	76	77	78		80
81	82	83	84	85	86	87	88	89	90
91	92	93	94	95		97	98	99	100

Nombre Fecha

¿Qué puedo comprar?

NOTA Los estudiantes hallan combinaciones de 12 en situaciones de la vida diaria.

MME 38–42

Imagina que tienes 12 monedas de 1¢. Elige un juguete que quieres comprar.

¿Cuántas monedas de 1¢ te sobrarán? Muestra tu trabajo.

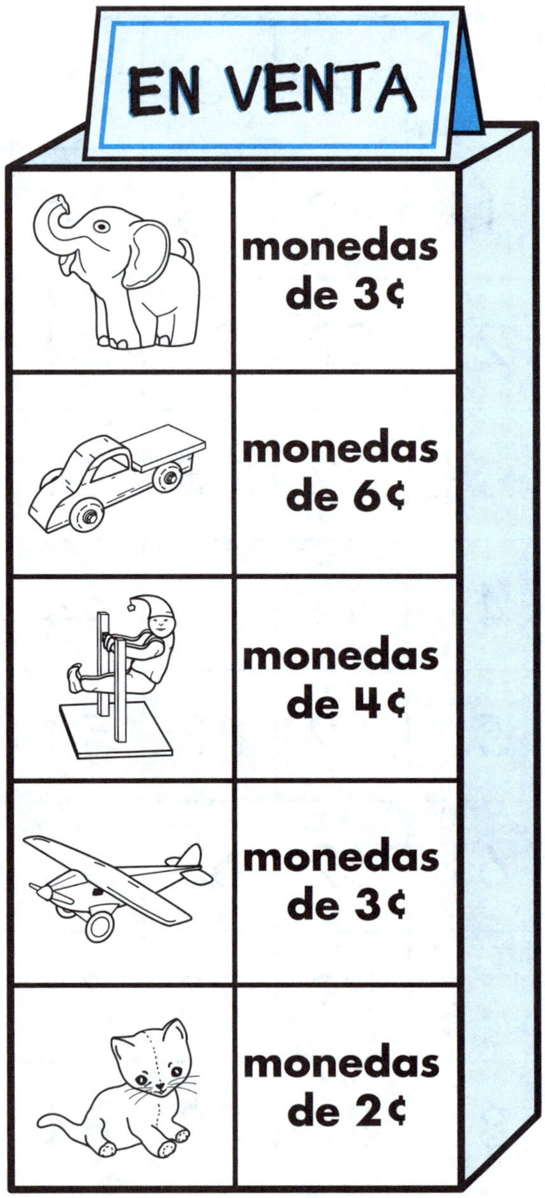

Empieza por las monedas de 1¢ que te sobraron. Compra más juguetes. ¿Qué juguetes puedes comprar? Muestra tu trabajo.

Spiral to Infinity Steve Allen

"Fractal images are often made up of small images-within-images, constantly repeating and going smaller and smaller." – Steve Allen

Investigations

IN NUMBER, DATA, AND SPACE®

en español

Cuaderno de actividades

¿Qué te gustaría ser?

UNIDAD 4

¿Qué te gustaría ser?

Investigación 1

Investigación 2

Investigación 3

Describir una figura

Escritura

Dibuja tu figura en esta caja.
Observa tu figura con atención.

Nombra algunas palabras que describan tu figura. Escribe todas las que puedas.

Palabras que describen mi figura:

Nombre Fecha

¿Qué falta?

Completa con los números que faltan.

NOTA Los estudiantes practican cómo escribir números y trabajan con el orden de números del 1 al 100.

MME 27–29

1	2	3	4		6	7		9	10
	12	13		15		17		19	
21		23	24	25				29	30
31	32				36				40
			44		46	47	48	49	
	52	53		55					60
			64			67		69	
71	72	73					78		
	82			85	86		88	89	
91	92		94			97			

Repaso continuo

¿Cuántas flores hay en total?

12 (A)   10 (B)   5 (C)   2 (D)

Describir un botón

Escritura

Busca un botón. Observa tu botón con atención.

¿Cuáles son algunas palabras que describen tu botón?

Escribe todas las que puedas.

Dibuja o pega tu botón aquí.

NOTA Los estudiantes describen los atributos de un botón, como su tamaño, forma y color. Usaremos esta tarea para una actividad de nuestra próxima sesión de matemáticas.

MME 64

Palabras que describen mi botón:

Buscar calcetines

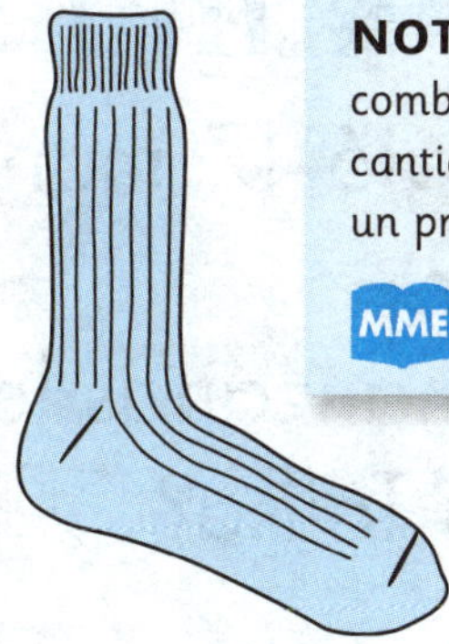

NOTA Los estudiantes combinan tres cantidades para resolver un problema-cuento.

MME 33–37

Jacob estaba limpiando su dormitorio.
Encontró 3 calcetines debajo
de la cama.
Encontró 6 calcetines en el ropero.
Encontró 4 calcetines en el suelo.
¿Cuántos calcetines encontró en total?

Resuelve el problema. Muestra tu trabajo.

Recoger manzanas

NOTA Los estudiantes restan una cantidad de otra para resolver un problema-cuento.

MME 42

Talisa recogió 17 manzanas.
Se comió 9.
¿Cuántas manzanas le sobraron a Talisa?

Resuelve el problema.
Muestra tu trabajo.

Repaso continuo

¿Cuántos patrones de bloques hay en el diseño?

8	9	10	12
Ⓐ	Ⓑ	Ⓒ	Ⓓ

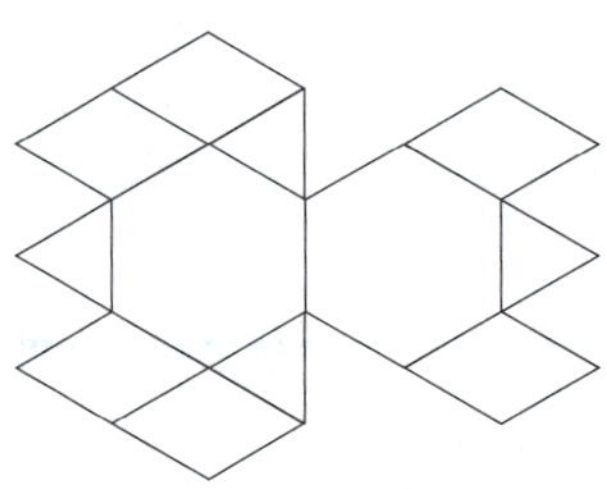

Dos grupos

Observa los dos grupos que están dibujados abajo. ¿Qué regla usó la maestra para clasificar a los estudiantes?

NOTA Los estudiantes determinan cómo se ha clasificado un conjunto de datos y luego continúan clasificando según esa regla.

MME 64

Seguimos la regla.

1. ¿  sigue la regla? ________

2. ¿  sigue la regla? ________

3. ¿  sigue la regla? ________

4. ¿  sigue la regla? ________

5. La regla es ______________________________.

Cara o cruz

Imagina que estás jugando a *Cara o cruz.*

NOTA Los estudiantes practican cómo contar y descomponer un número en dos partes (7 = 3 + 4).

MME J13

Completa la tabla de cada partido.

Número total: **7**

Cara	Cruz

	1

Número total: **9**

Cara	Cruz

6	

Número total: **11**

Cara	Cruz

	8

Número total: **12**

Cara	Cruz

5	

Número total: **12**

Cara	Cruz

7	

Número total: **12**

Cara	Cruz

	2

Once figuras: ¿Cuántos hay de cada una?

Tengo 11 figuras.

Algunas son círculos. 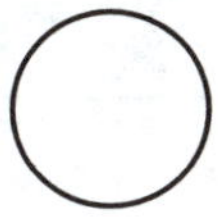

Otras son triángulos. 

¿Cuántas de cada una podría tener?

Resuelve el problema. Muestra tu trabajo.

NOTA Los estudiantes hallan combinaciones de dos números que sean igual a 11. Hay varias soluciones posibles. Anime a los estudiantes a hallar más de una.

MME **46–47**

Repaso continuo

En la caja debe haber 8 crayones.
¿Cuántos más se necesitan?

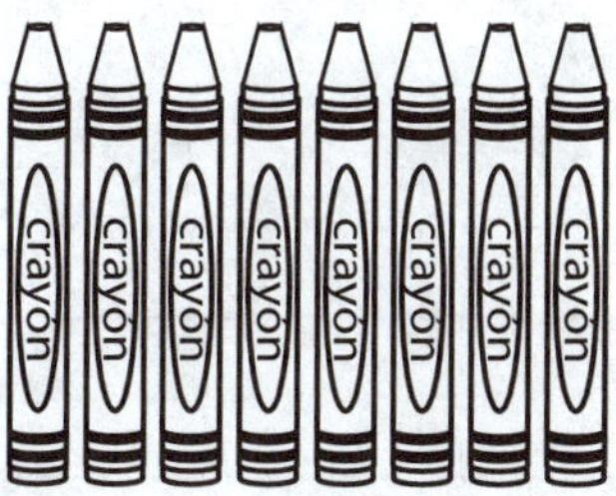

Ⓐ

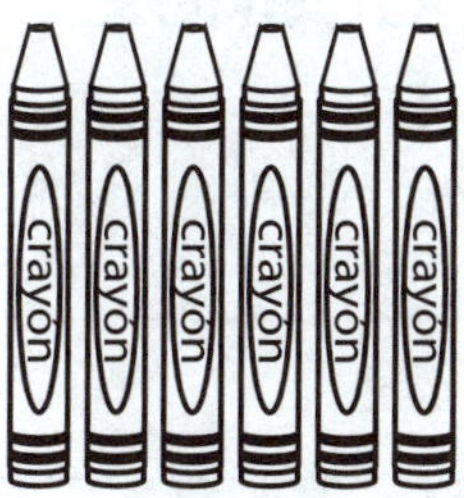

Ⓑ

Ⓒ

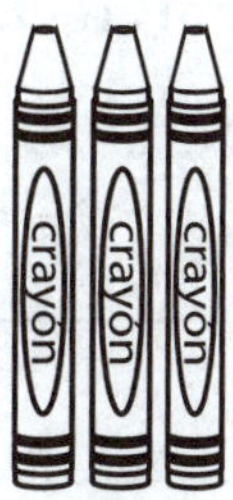

Ⓓ

Nombre Fecha

Nuestro plan para reunir datos

Escritura

1. ¿Cuál es tu pregunta?

2. ¿Quién hará la pregunta?

3. ¿Quién anotará las respuestas de los estudiantes?

4. ¿Cómo anotarás las respuestas de los estudiantes?

5. ¿Cómo estarás seguro(a) de haberles preguntado a todos?

Nombre Fecha

Calendario mensual

Éste es un calendario para ti. Completa los meses y las fechas. Luego busca un lugar en tu casa para colgarlo.

NOTA Los estudiantes practican cómo anotar fechas y cómo hacer, leer y usar un calendario como un instrumento para llevar la cuenta del tiempo.

MME 19

____

Nombre del mes

Domingo	Lunes	Martes	Miércoles	Jueves	Viernes	Sábado

Días especiales

______________________ ______________________

______________________ ______________________

Nombre Fecha

Lo que averiguamos

Escritura

1. ¿Cuál fue tu pregunta?

____

____

____

2. ¿Qué averiguaste?

____

____

____

3. ¿Qué te sorprendió o interesó?

____

____

____

4. Escribe una ecuación que represente lo que averiguaste.

____

____

Tiras de conteo

Escribe los números que faltan en estas tiras de conteo.

NOTA Los estudiantes practican cómo contar y escribir números.

MME 6–12, 21–23

17	35	67
18	36	68
19	37	69

¿Preferirías... ?

¿Preferirías beber leche sola o leche chocolatada?

NOTA Los estudiantes describen los datos resultantes de la pregunta de una encuesta.

MME **65–66, 68**

Los estudiantes contestaron esta pregunta poniendo un cubo al lado del cartón de leche sola o al lado del cartón de leche chocolatada.

Contesta estas preguntas.

1. ¿Cuántos estudiantes respondieron? ________

2. ¿Cuántos estudiantes respondieron leche sola? ________

3. ¿Cuántos respondieron leche chocolatada? ________

4. Dibuja dos torres para representar cómo respondieron los estudiantes.

Nombre Fecha

¿Qué te gustaría ser?

Práctica diaria

Datos de asistencia

La tabla muestra cuántos estudiantes están hoy en clase y cuántos no están.

NOTA Los estudiantes describen los datos de asistencia resultantes.

MME **65–66, 68**

Asistencia de la sala 110	
ESTÁN	NO ESTÁN
★ ★ ★ ★ ★ ★ ★ ★ ★ ★ ★ ★ ★ ★ ★	★ ★ ★ ★ ★ ★

1. ¿Cuántos estudiantes están aquí hoy? ________
2. ¿Cuántos estudiantes están ausentes hoy? ________
3. ¿Cuántos estudiantes hay en la clase? ________

Repaso continuo

4. ¿Cuántas manos y pies hay en total?

10 (A) 20 (B) 22 (C) 40 (D)

Nombre ______________________ Fecha ______________________

Lanzar y anotar: suma

NOTA Los estudiantes combinan dos cantidades para hallar el total.

MME J19

Escribe el número total.

1. 5 +  = ________

2. 4 +  = ________

3.  + 6 = ________

4. 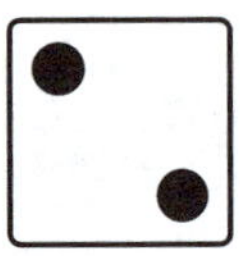 + 3 = ________

5. 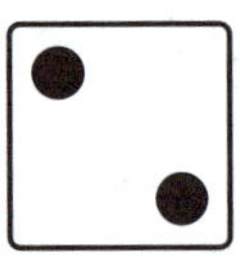 + 5 = ________

6. 6 +  = ________

Empezar en/Llegar a

NOTA Los estudiantes practican cómo escribir números y contar hacia adelante en una recta numérica.

MME **26, 31, 32**

Escribe los números que faltan en la recta numérica.

Ejemplo:

26 (27) 28 29 (30) 31

Empezar en (27) Llegar a (30)

Ahora es tu turno.

1. (23) ___ ___ ___ ___ ___ (29)

Empezar en Llegar a

2. (6) ___ ___ ___ ___ ___ ___ ___ (14)

Empezar en Llegar a

Repaso continuo

3. Hay 5 pájaros comiendo. Llegan 5 pájaros más para comer. ¿Cuántos pájaros están comiendo ahora?

5	7	9	10
(A)	(B)	(C)	(D)

Las edades de la familia

NOTA Los estudiantes reúnen datos sobre la edad de las personas de su familia. Usaremos esta tarea para una actividad en la próxima sesión de matemáticas.

MME 65

Averigua las edades de las personas de tu familia. Escribe el nombre, la edad y la posición familiar de cada persona. Por ejemplo:

Mi mamá tiene 33 años.

Chris, mi hermano, tiene 9 años.

No tienes que llenar todos los espacios.

Mi ____________________ tiene ______ años.

Mi ____________________ tiene ______ años.

Mi ____________________ tiene ______ años.

Mi ____________________ tiene ______ años.

Mi ____________________ tiene ______ años.

Mi ____________________ tiene ______ años.

Mi ____________________ tiene ______ años.

Mi ____________________ tiene ______ años.

Nombre Fecha

Comparar clases

Escritura

Observa tu representación de las edades de los estudiantes de tu clase.

Observa tu representación de las edades de los estudiantes de otra clase.

¿En qué se parecen las edades de las dos clases?

¿En qué se diferencian las edades de las dos clases?

Nombre ______________________ Fecha ______________________

Lanzar y anotar: resta

NOTA Los estudiantes restan una cantidad de otra.

MME J20

Resta y escribe la respuesta.

1. 6 −  = ________

2. 8 −  = ________

3. 9 −  = ________

4. 11 −  = ________

5. 7 −  = ________

6. 12 −  = ________

Nombre Fecha

¿Qué representa?

NOTA Los estudiantes leen una tabla y describen los datos de la tabla.

MME 65–68

Esta tabla representa la edad de algunos estudiantes de tercer grado.

Edad	Número de estudiantes
7	|
8	卌 卌 ||
9	卌 卌
10	

1. ¿Cuántos estudiantes tienen 7 años? ________

2. ¿Cuántos estudiantes tienen 8 años? ________

3. ¿Cuántos estudiantes tienen 9 años? ________

4. ¿Cuántos estudiantes tienen 10 años? ________

5. ¿Cuántos años tiene la mayoría de los estudiantes?

____

6. ¿Hay más estudiantes de 8 años o de 9 años? ________

7. ¿Hay menos estudiantes de 7 años o de 9 años?

____

Nombre Fecha

Merienda de frutas

Es el turno de Max de traer una merienda a clase. Quiere traer fruta pero sólo puede traer dos tipos de fruta. Max les preguntó a sus compañeros cuáles eran sus frutas favoritas.

NOTA Los estudiantes organizan e interpretan datos.

MME 65–66, 68

Frutas favoritas

manzana 	pera 	uvas 	sandía 	banana 
Sacha	Carol	Keena	Allie	Marta
Neil	Bruce	Jacob	Diego	DeShawn
	Toshi	Edgar	Paula	
	Libby		Lyle	
	Talisa		Vic	
			Leah	

¿Qué dos frutas puede traer Max para la merienda de la clase? ¿Cómo lo sabes?

Spiral to Infinity Steve Allen

"Fractal images are often made up of small images-within-images, constantly repeating and going smaller and smaller."– Steve Allen

Investigations

IN NUMBER, DATA, AND SPACE®

en español

Cuaderno de actividades

UNIDAD 5

Longitudes de peces y de saltos de animales

Longitudes de peces y de saltos de animales

Investigación 1

Investigación 2

Nombre Fecha

¿Cuántos cubos mide de largo?

Nombre del objeto	¿Cuánto mide?
	______ cubos
	______ cubos
	______ cubos
	______ cubos
	______ cubos
	______ cubos
	______ cubos
	______ cubos

¿Cuál es tu objeto más corto? ______________________

¿Cuál es tu objeto más largo? ______________________

Haz una lista de tus objetos, del más corto al más largo.

Usar un calendario

Éste es un calendario para ti. Completa el mes y las fechas. Luego busca un lugar en tu casa para colgarlo.

NOTA Los estudiantes practican cómo anotar fechas y cómo hacer, leer y usar un calendario como un instrumento para llevar la cuenta del tiempo.

MME 17–19

Nombre del mes

Domingo	Lunes	Martes	Miércoles	Jueves	Viernes	Sábado

Días especiales

Nombre Fecha

¿Cuánto mide de largo?

Nombre del objeto	¿Cuánto mide?	¿Qué usaste?
		cubos fichas cuadradas clips
		cubos fichas cuadradas clips
		cubos fichas cuadradas clips
		cubos fichas cuadradas clips
		cubos fichas cuadradas clips
		cubos fichas cuadradas clips

Es más largo

Encierra en un círculo el objeto más largo.

NOTA Los estudiantes han estado explorando las longitudes de objetos. Le puede pedir a su niño(a) que compare una cuchara con diferentes objetos y que determine cuál es más largo. Asegúrese de que alinee los dos objetos en un extremo antes de comparar sus longitudes.

MME **93, 94, 95**

1.

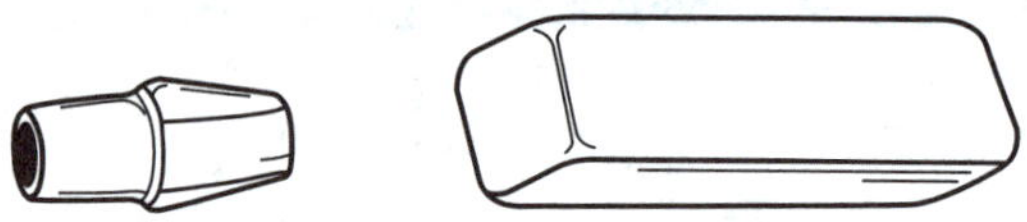

2.

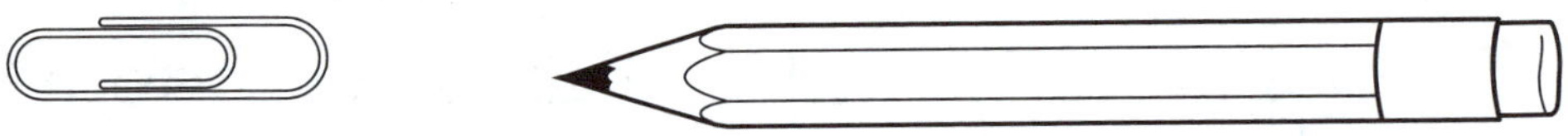

3.

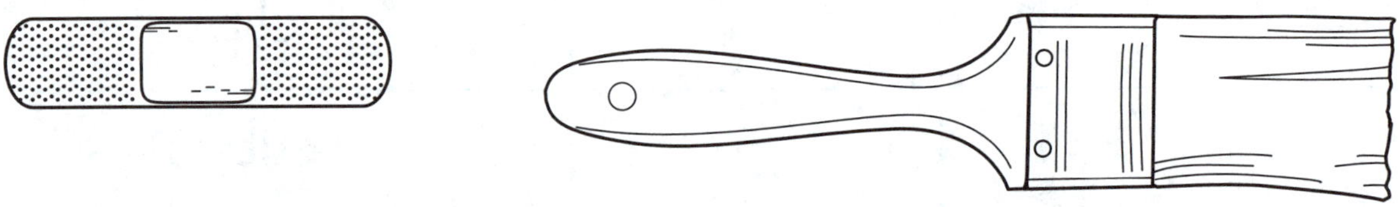

4.

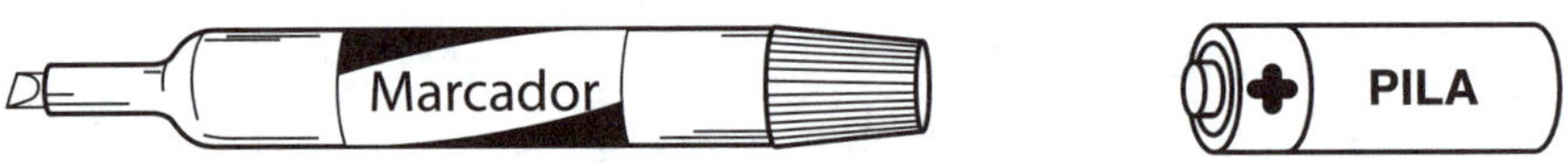

5.

Nombre Fecha

Medir peces que se pueden pescar

(página 1 de 2)

¿Qué tipo de peces estás midiendo?

alewife perca caballa

¿Qué longitud tiene que tener un pez para que se pueda pescar?

_______ pulgadas

	¿Cuántas pulgadas de largo?	¿Se puede pescar?
Pez A	_______ pulgadas	Sí No
Pez B	_______ pulgadas	Sí No
Pez C	_______ pulgadas	Sí No
Pez D	_______ pulgadas	Sí No
Pez E	_______ pulgadas	Sí No
Pez F	_______ pulgadas	Sí No

Nombre Fecha

Medir peces que se pueden pescar

(página 2 de 2)

¿Qué tipo de peces estás midiendo?

alewife perca caballa

¿Qué longitud tiene que tener un pez para que se pueda pescar?

_______ pulgadas

	¿Cuántas pulgadas de largo?	¿Se puede pescar?
Pez A	_______ pulgadas	Sí No
Pez B	_______ pulgadas	Sí No
Pez C	_______ pulgadas	Sí No
Pez D	_______ pulgadas	Sí No
Pez E	_______ pulgadas	Sí No
Pez F	_______ pulgadas	Sí No

Medir con clips

Escribe cuántos clips se usaron para medir cada dibujo.

NOTA Los estudiantes usan clips como unidad de medida para determinar la longitud o la altura de diferentes objetos.

MME 96, 97–98

1.

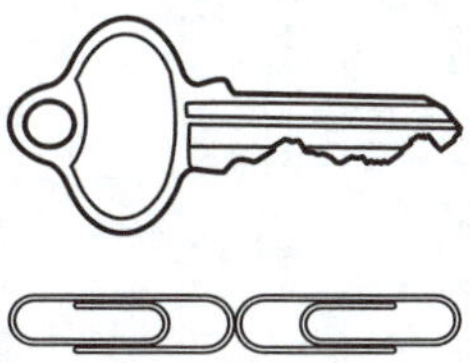

______ clips

2.

______ clips

3.

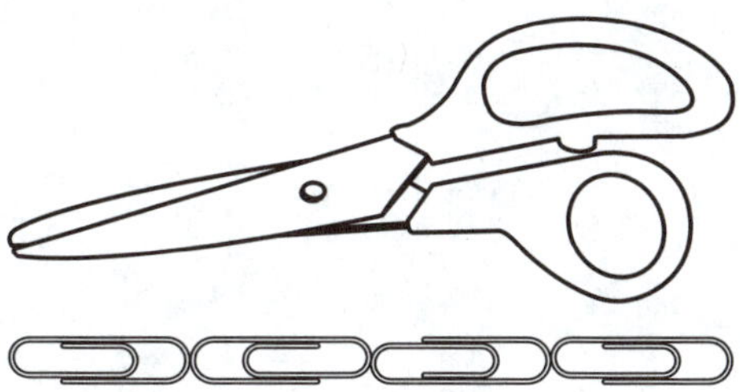

______ clips

4.

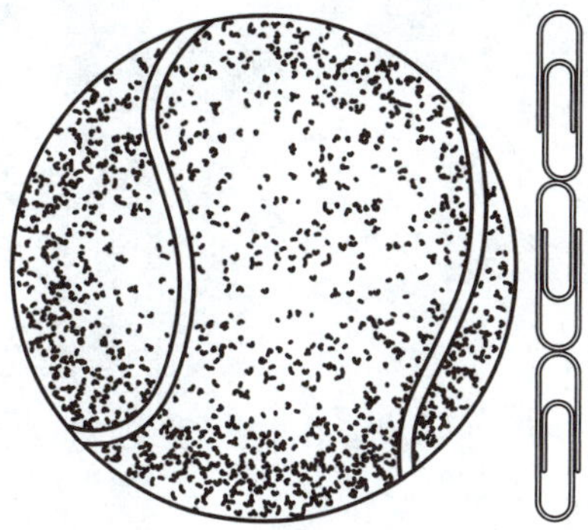

______ clips

5.

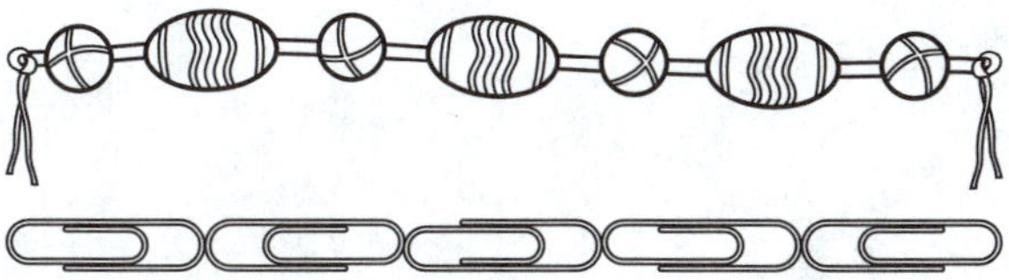

______ clips

Las manzanas de Rosa

(página 1 de 2)

NOTA Estos problemas se tratan de restar una cantidad de otra. Anime a su niño(a) a encontrar su propia manera de resolver el problema y anotar el trabajo.

MME 38–42

Resuelve los problemas.
Muestra tu trabajo.

1. Rosa recogió 18 manzanas.

   Se comió 7.

   ¿Cuántas manzanas tiene Rosa ahora?

Las manzanas de Rosa (página 2 de 2)

2. Rosa fue a la tienda y compró 19 manzanas.

Usó 8 para hacer puré de manzana.

¿Cuántas manzanas tiene Rosa ahora?

Nombre Fecha

Cuentos de peces (página 1 de 2)

Escritura

Resuelve los problemas sobre peces.
Muestra tu trabajo.

1. Sam pescó una perca que mide 8 pulgadas de largo. Pescó un alewife que mide 11 pulgadas de largo. ¿Cuánto más largo es el alewife que la perca?

2. Kim pescó una perca que mide 5 pulgadas de largo. Sam pescó una perca que mide 6 pulgadas de largo. ¿Cuánto más larga es la perca de Sam que la perca de Kim?

Cuentos de peces (página 2 de 2)

3. Rosa pescó una perca que mide 2 pulgadas de largo. Los peces tienen que medir 6 pulgadas de largo par poder pescarse. ¿Cuánto más larga tendría que ser el pez de Rosa para poder pescarse?

4. La perca de Max mide 3 pulgadas de largo. La perca de Rosa mide 5 pulgadas de largo. ¿Cuánto más corta es la perca de Max que la perca de Rosa?

Nombre Fecha

Longitudes de peces y de saltos de animales

Práctica diaria

Medir con cuadrados

Escribe el número que indica cuántos cuadrados se usaron para medir cada dibujo.

NOTA Los estudiantes usan cuadrados como unidad de medida para determinar la longitud o la altura de varios objetos.

MME 96

1. 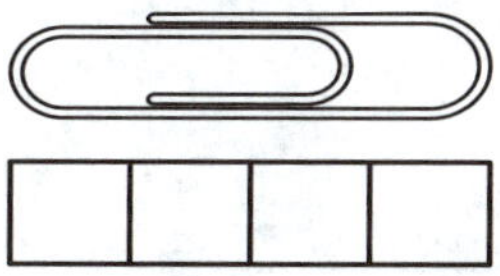

____

2. 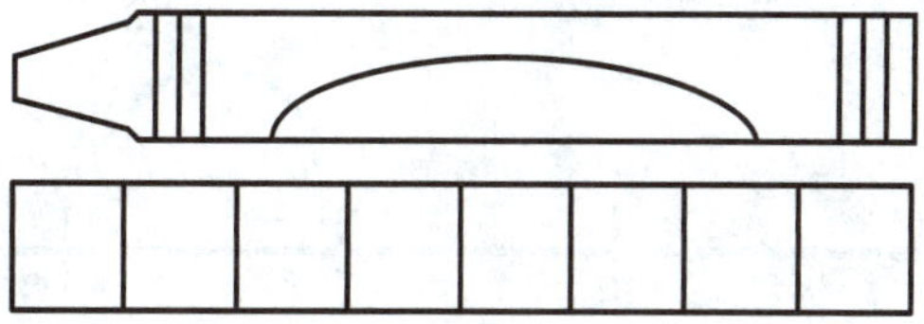

____

3. 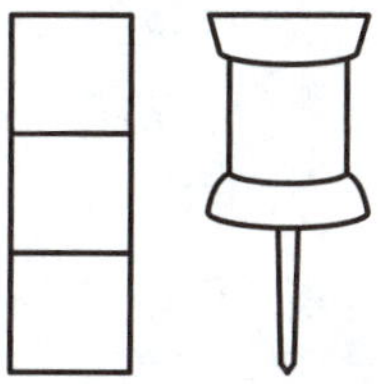

____

4. 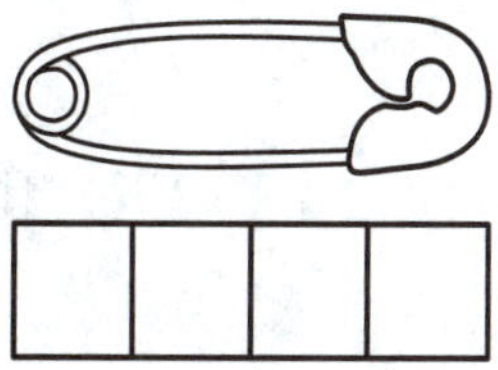

____

5. Nombra un objeto que sea más corto que el crayón del problema 2. ______________________

Repaso continuo

6. ¿Qué figura no pertenece al grupo?

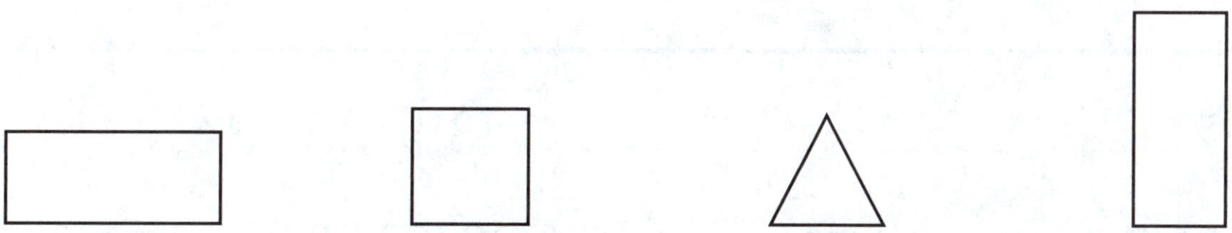

Ⓐ Ⓑ Ⓒ Ⓓ

Empezar en/Llegar a

Escribe los números que faltan en la recta numérica.

NOTA Los estudiantes practican cómo escribir números y contar hacia atrás.

MME 26, 32

Éste es un ejemplo. Empezar en (5). Llegar a (2).

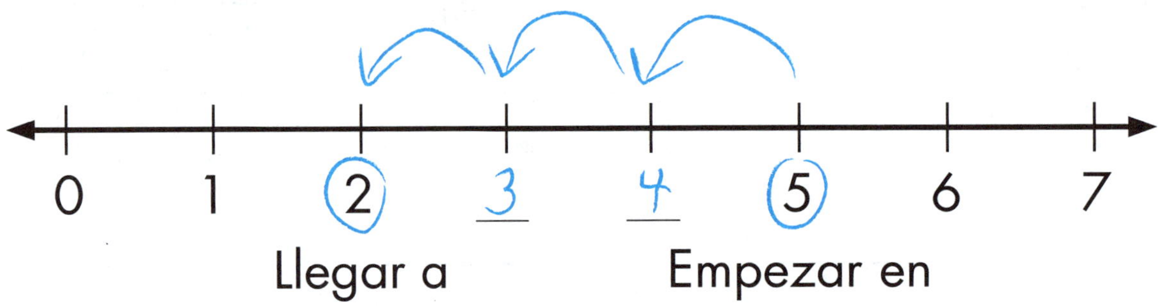

1. Empezar en (11). Llegar a (4).

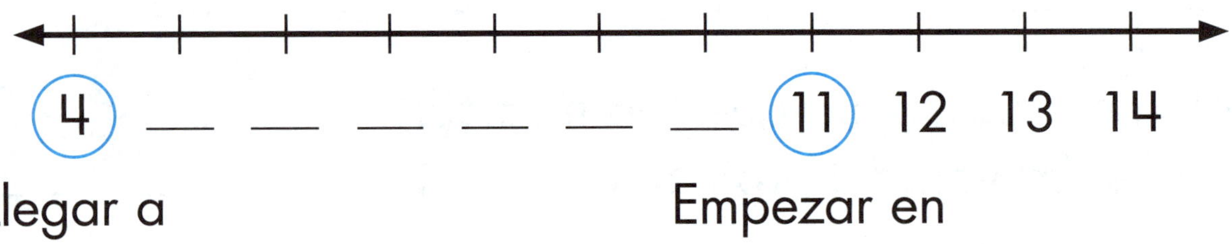

2. Empezar en (34). Llegar a (27).

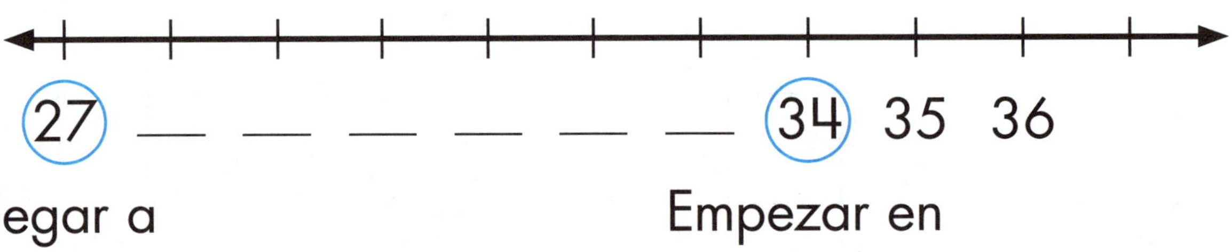

Nombre Fecha

En el autobús

Resuelve el problema. Muestra tu trabajo.

NOTA Los estudiantes combinan tres cantidades para resolver un problema-cuento.

MME J13

En el autobús había 3 niños.
En la primera parada se subieron 7 niños más en el autobús.
En la parada siguiente se subieron 4 niños más en el autobús.

¿Cuántos niños había en el autobús?

Distancias en la clase (página 1 de 2)

Mide las cintas adhesivas usando pasos de niño y averigua cuál es más larga.

1. ¿Cuánto mide la cinta A? ________ pasos

¿Cuánto mide la cinta B? ________ pasos

¿Cuál es más larga? Cinta A Cinta B

2. ¿Cuánto mide la cinta C? ________ pasos

¿Cuánto mide la cinta D? ________ pasos

¿Cuál es más larga? Cinta C Cinta D

3. ¿Cuánto mide la cinta E? ________ pasos

¿Cuánto mide la cinta F? ________ pasos

¿Cuál es más larga? Cinta E Cinta F

4. ¿Cuánto mide la cinta G? ________ pasos

¿Cuánto mide la cinta H? ________ pasos

¿Cuál es más larga? Cinta G Cinta H

Nombre ______________________ Fecha ______________________

Distancias en la clase (página 2 de 2)

Elige dos cintas adhesivas que todavía no hayas comparado.

Anota cuál es más larga.

5. Cinta adhesiva ________ mide ________ pasos de niño de largo.

Cinta adhesiva ________ mide ________ pasos de niño de largo.

¿Qué cinta adhesiva es más larga? ________

6. Cinta adhesiva ________ mide ________ pasos de niño de largo.

Cinta adhesiva ________ mide ________ pasos de niño de largo.

¿Qué cinta adhesiva es más larga? ________

Nombre Fecha

Cara o cruz

Imagina que estás jugando a *Cara o cruz*. Completa la tabla de cada partido.

NOTA Los estudiantes practican cómo contar y descomponer un número en dos partes (7 = 3 + 4).

MME **J13**

Número total: ______

Cara	Cruz

2	**6**

Número total: **10**

Cara	Cruz

	7

Número total: **11**

Cara	Cruz

4	

Número total: **13**

Cara	Cruz

6	

Número total: ______

Cara	Cruz

4	**8**

Número total: **9**

Cara	Cruz

	5

Pasos de niño en casa

Cuenta el número de pasos de niño para cada distancia.

NOTA Su niño(a) medirá distancias en su casa, usando sus propios pasos. Recuérdele que, para medir, apoye el taco de un zapato delante de la punta del otro zapato.

MME 103

Distancia	Pasos de niño
De la cocina al fregadero 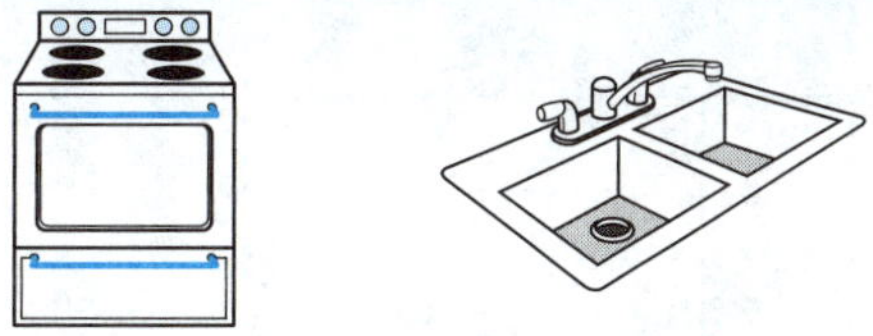	
Del fregadero a la mesa 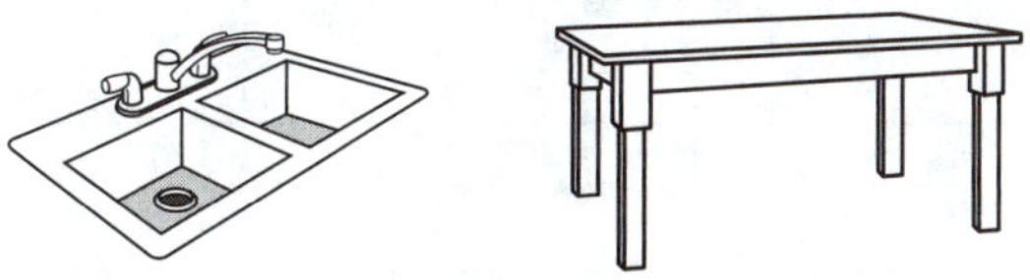	
De tu cama a la puerta del dormitorio 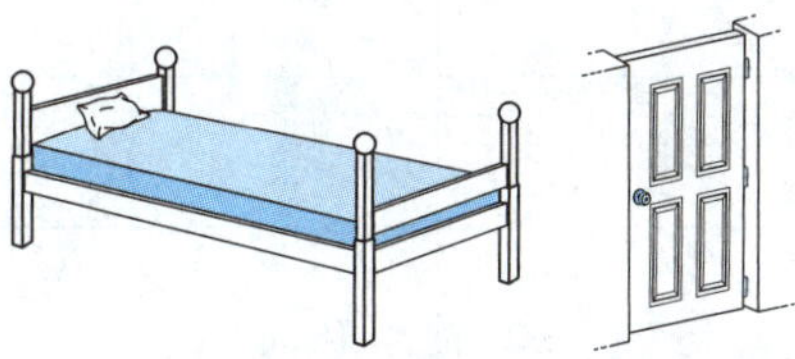	
Del baño a tu cama 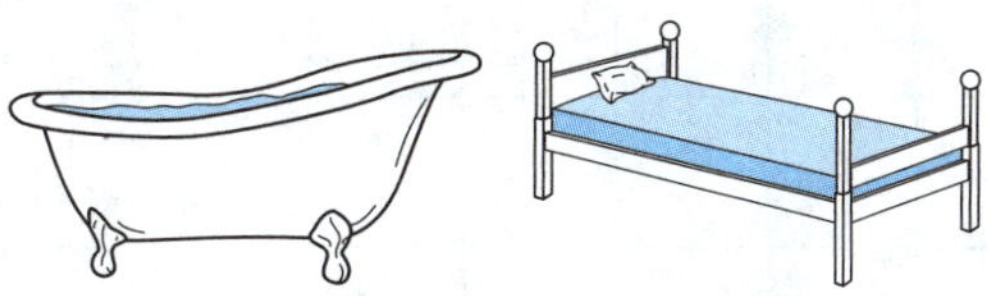	

Ahora mide otras distancias en tu casa.

Distancia	Pasos de niño
De ____________ a ____________	
De ____________ a ____________	

Nombre Fecha

Medir con diferentes unidades

Elige una cinta adhesiva.
Elige 2 unidades.
Mide la cinta adhesiva con cada unidad.
Anota.

1. Medimos la cinta adhesiva ________.

Mide ________ pasos de bebé de largo.

Mide ________ pasos de jugador de básquetbol de largo.

Mide ________ palillos de manualidades de largo.

2. Medimos la cinta adhesiva ________.

Mide ________ pasos de bebé de largo.

Mide ________ pasos de jugador de básquetbol de largo.

Mide ________ palillos de manualidades de largo.

3. Medimos la cinta adhesiva ________.

Mide ________ pasos de bebé de largo.

Mide ________ pasos de jugador de básquetbol de largo.

Mide ________ palillos de manualidades de largo.

Sombreros

Resuelve el problema. Muestra tu trabajo.

NOTA Los estudiantes restan una cantidad de otra para resolver un problema-cuento.

MME **38–42**

Kim tenía 13 sombreros para su fiesta. Les dio 7 a sus invitados.

¿Cuántos sombreros le sobraron?

Nombre Fecha

Merienda de frutas

NOTA Los estudiantes organizan e interpretan datos.

MME **65–66, 68**

Es el turno de Max de traer una merienda a clase. Quiere traer fruta pero sólo puede traer dos tipos de fruta. Max les preguntó a sus compañeros cuáles eran sus frutas favoritas.

Frutas favoritas

manzana	pera	uvas	sandía	banana
			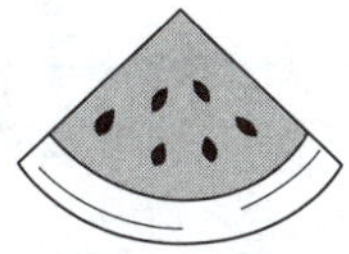	
Sacha Neil	Carol Bruce Toshi Libby Talisa	Keena Jacob Edgar	Allie Diego Paula Lyle Vic Leah	Marta DeShawn

¿Qué dos frutas puede traer Max para la merienda de la clase? ¿Cómo lo sabes?

Nombre Fecha

¿Cuántas bolas de nieve?

NOTA Los estudiantes combinan dos cantidades para resolver un problema-cuento.

MME 33–37

Resuelve el problema. Muestra tu trabajo.

Rosa hizo 8 bolas de nieve.
Max también hizo 8 bolas de nieve.

¿Cuántas bolas de nieve hicieron en total?

Nombre Fecha

Saltos de animales

¿Qué unidad usaste para medir? (Encierra una en un círculo.)

Pasos de bebé   Palillos de manualidades

1. El salto del conejo medía ________ unidades de largo.
2. El salto de la rana medía ________ unidades de largo.
3. El salto del ratoncito medía ________ unidades de largo.
4. El salto de Max medía ________ unidades de largo.
5. El salto de la ardilla medía ________ unidades de largo.
6. El salto del saltamontes medía ________ unidades de largo.

Haz una lista con los nombres de los animales en orden, según la distancia que saltaron.

La más larga ________________________

La siguiente más larga ________________________

La siguiente más larga ________________________

La siguiente más larga ________________________

La siguiente más larga ________________________

La más corta ________________________

Nombre Fecha

Problemas verbales sobre saltos

(página 1 de 2) Escritura

Resuelve cada problema. Muestra tu trabajo.

1. El gato de Sam saltó 6 palillos de manualidades. El gato de Rosa saltó 3 palillos de manualidades. ¿Qué gato saltó más lejos? ¿Cuánto más lejos saltó?

2. Un conejo saltó 8 pasos de jugador de básquetbol. Luego saltó 5 pasos de jugador de básquetbol. ¿Qué distancia saltó en total?

3. Kim saltó 8 palillos de manualidades. Max saltó 10 palillos de manualidades. ¿Cuánto más lejos saltó Max que lo que saltó Kim?

Problemas verbales sobre saltos

(página 2 de 2)

4. Sam saltó 2 pasos de jugador de básquetbol. Luego saltó 3 pasos de jugador de básquetbol. Luego saltó 4 pasos de jugador de básquetbol. ¿Qué distancia saltó en total?

5. Una rana saltó al lago. Saltó 4 pasos de niño. Luego saltó 6 pasos de niño. ¿Cuántos saltos de niño saltó la rana?

6. Una ardilla saltó 6 palillos de manualidades. Un conejo saltó 9 palillos de manualidades. ¿Cuánto más lejos saltó el conejo que lo que saltó la ardilla?

Nombre Fecha

¿Cuántos hay en total?

Escribe el número total.

NOTA Los estudiantes combinan dos cantidades para hallar el total.

MME J19

1. 6 +  = ______

2. 5 +  = ______

3.  + 2 = ______

4.  + 3 = ______

5.  + 5 = ______

6. 6 +  = ______

Nombre Fecha

Comparar longitudes

NOTA Los estudiantes podrán comparar longitudes usasndo unidades de medida no convencionales.

MME 96

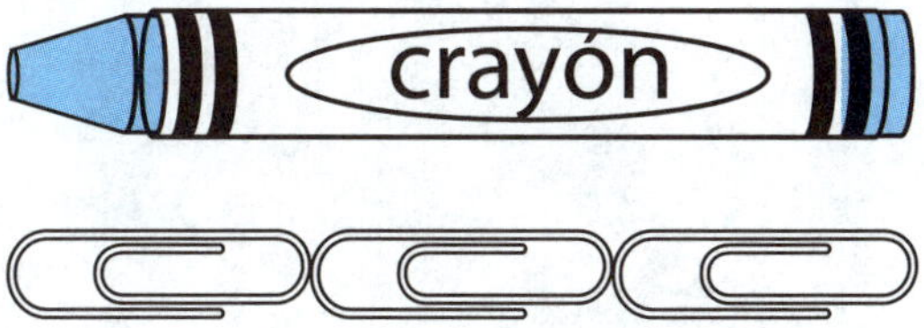

Rosa va a medir su libro.
Primero va a medir usando crayones.
Luego va a medir usando clips.

¿Necesitará más crayones o más clips para medir su libro? ______________________

¿Por qué crees eso? ______________________

La longitud del libro de Rosa es de 2 crayones.

¿Cuántos clips de largo mide el libro de Rosa? __________

¿Cómo lo sabes? ______________________

Spiral to Infinity Steve Allen

"Fractal images are often made up of small images-within-images, constantly repeating and going smaller and smaller." – Steve Allen

Investigations

IN NUMBER, DATA, AND SPACE®
en español

Cuaderno de actividades

Juegos de números y rompecabezas de crayones

UNIDAD 6

Juegos de números y rompecabezas de crayones

Investigación 1

Investigación 2

Investigación 3

Nombre Fecha

El número de hoy: 10

El número de hoy es 10.

10

Diez

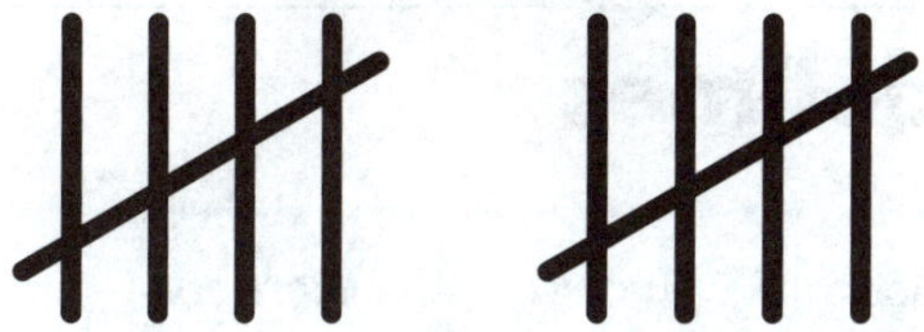

¿De cuántas maneras puedes formar el número de hoy? Muestra las maneras.

Usar un calendario

Éste es un calendario para ti.
Completa el mes y las fechas.
Luego busca un lugar en tu casa para colgarlo.

NOTA Los estudiantes practican cómo anotar fechas y cómo hacer, leer y usar un calendario como un instrumento para llevar la cuenta del tiempo.

MME 17–19

____

Nombre del mes

Domingo	Lunes	Martes	Miércoles	Jueves	Viernes	Sábado

Días especiales

______________________ ______________________

Nombre Fecha

Tres torres Hoja de anotaciones

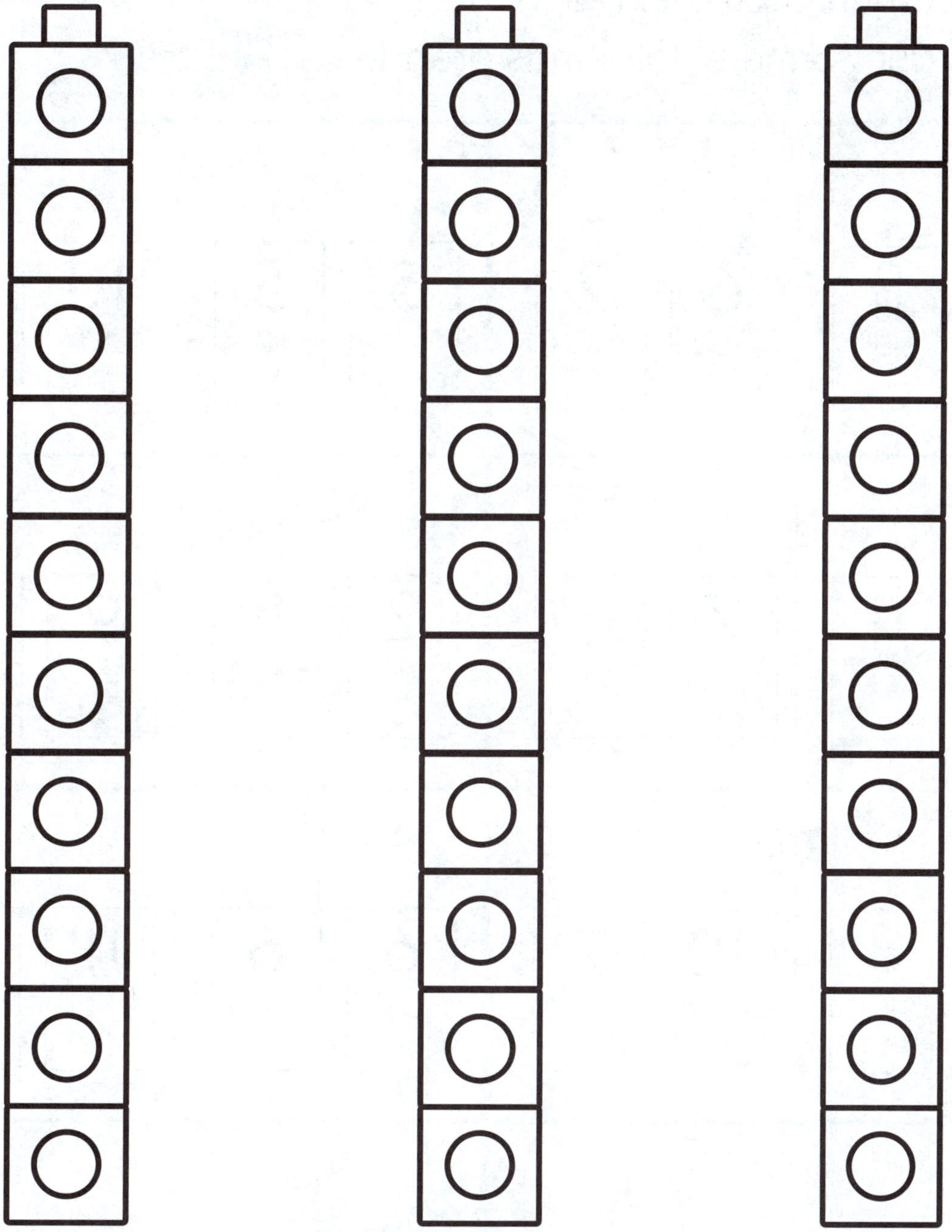

Ecuaciones

Torre 1	Torre 2	Torre 3

Nombre Fecha

¿Cuál es más grande?

Encierra en un círculo el par de números que forme el total más grande.

NOTA Los estudiantes averiguan cuál de dos totales es mayor usando pares de tarjetas de números básicos.

MME 33–37

1. 8 3 | 6 2

2. 5 5 | 10 3

3. 9 4 | 7 1

4. 2 8 | 9 7

5. 4 8 | 10 7

6. 6 6 | 4 10

7. 5 2 | 3 1

8. 7 8 | 9 2

¿Cuántos patos?

Resuelve el problema. Muestra tu trabajo.

NOTA Los estudiantes combinan tres cantidades para resolver un problema-cuento.

MME 33–37

Sam vio 2 patos volando.
Vio 8 patos en el pasto
y 5 patos más en el lago.
¿Cuántos patos vio Sam?

Nombre Fecha

¡Dame 10!

Escribe un número en la tarjeta para formar 10 en total.

NOTA Los estudiantes hacen combinaciones de 10 usando tarjetas de números básicos.

MME 48–49

1. 2 | 8	**2.** 4 | 2 | ___
3. ___ | 7	**4.** 1 | 8 | ___
5. 10 | ___	**6.** 2 | 2 | ___
7. 1 | ___	**8.** 3 | 5 | ___

Formar 10

Hoja de anotaciones

Escritura

NOTA Por favor, juegue a esto con su niño(a) y luego ayúdele a completar esta hoja y devolverla. Cuantas más veces jueguen a un juego de matemáticas, más veces practicarán las destrezas importantes y el razonamiento matemático.

MME 48–49, J15

Juega a esto en casa.
Usa las reglas y los materiales del juego que llevaste a casa.

Después de jugar, escribe sobre el juego.

1. ¿Quién jugó?

____

____

2. ¿Qué ocurrió cuando jugaste?

____

____

____

____

____

____

____

____

Nombre Fecha

Fichas en un vaso Hoja de anotaciones

Número total ________

Fuera 	Dentro 

Nombre Fecha

¿Cuántos tengo escondidos?

Hoja de anotaciones

Número total ________

No están escondidos	Escondidos
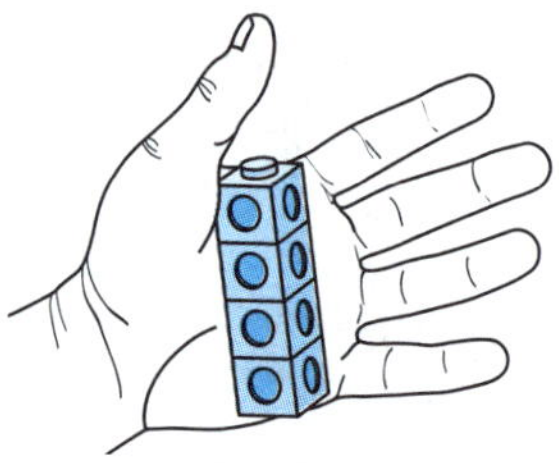	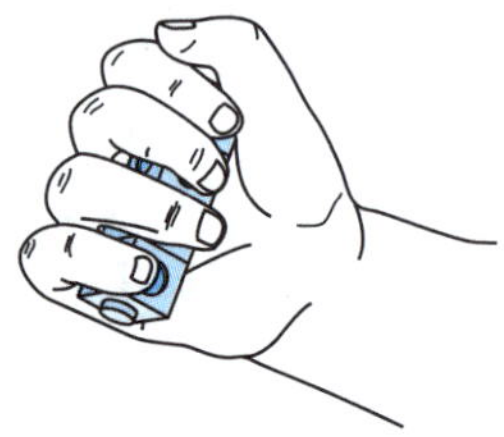

Nombre ________________ Fecha ________________

Problemas de suma

Escribe el número total o la parte que falta.

NOTA Los estudiantes resuelven problemas de suma combinando dos cantidades para hallar el total o la parte que falta.

MME **J6**

1. [9] + [ ] = 10

2. 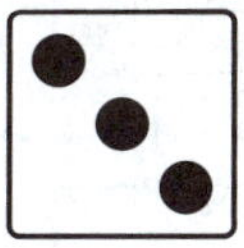 + [5] = ______

3. [ ] +  = 10

4. 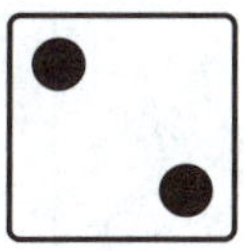 + [3] = ______

5. [ ] + 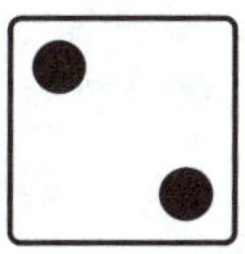 = 10

6. [7] +  = ______

Nombre Fecha

¿Qué falta?

Cada par de tarjetas tiene que formar 10.
Escribe el número que falta.

NOTA Los estudiantes siguen practicando combinaciones de 10.

MME 48–49

1. 8 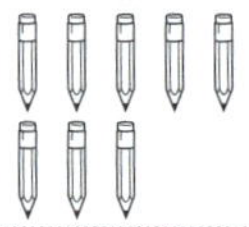 ____

2. 5  ____

3. 1  ____

4. 0 ____

5. 6 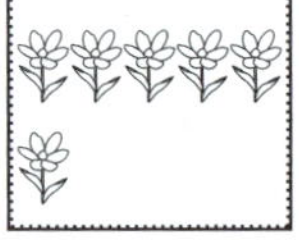 ____

6. 7  ____

Repaso continuo

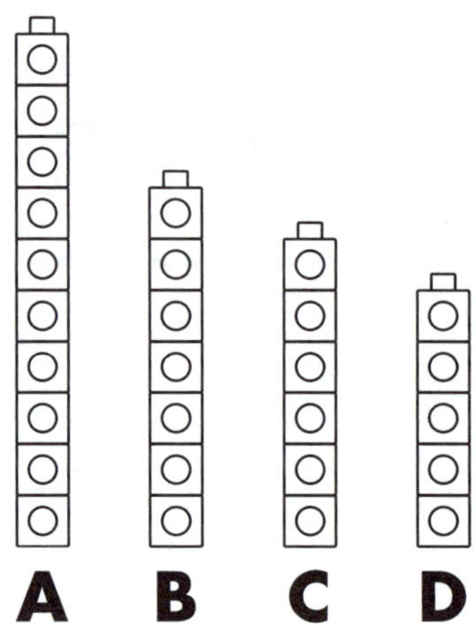

7. ¿Qué torre tiene **más** cubos?

Ⓐ Ⓑ Ⓒ Ⓓ

8. ¿Qué torre tiene **menos** cubos?

Ⓐ Ⓑ Ⓒ Ⓓ

Nombre Fecha

¿Cuánto suman?

Escribe la suma de los dos números.

NOTA Los estudiantes practican cómo sumar dos números.

1. 

______

2. 

______

3. 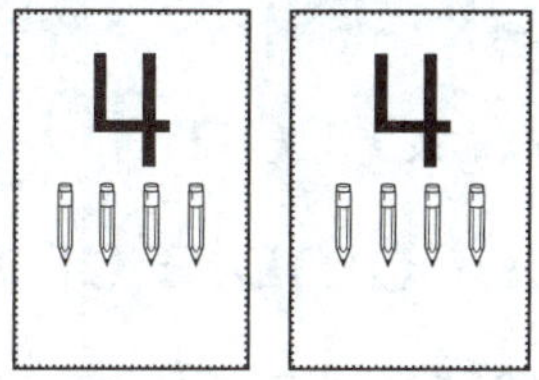

______

4. 

______

5. 

______

6. 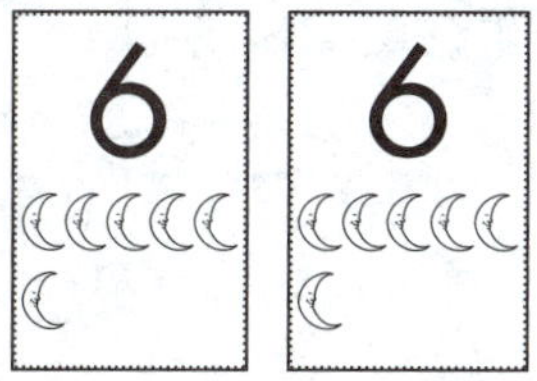

______

Repaso continuo

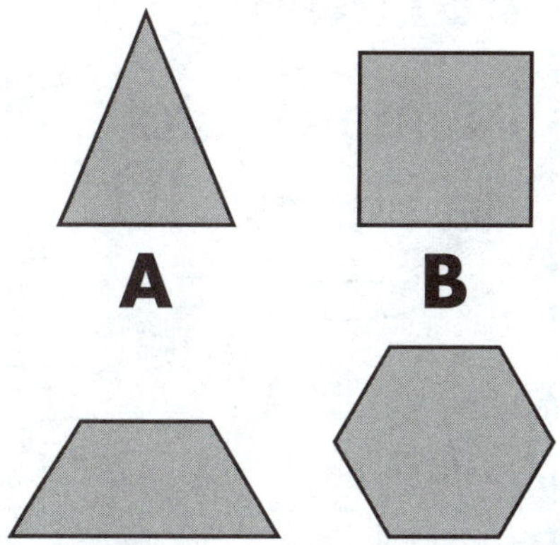

A B C D

7. ¿Qué bloque tiene **más** lados?

Ⓐ Ⓑ Ⓒ Ⓓ

8. ¿Qué bloque tiene **menos** lados?

Ⓐ Ⓑ Ⓒ Ⓓ

Nombre Fecha

Fichas en un vaso en el hogar

Imagina que estás jugando a *Fichas en un vaso* con 10 fichas. Usa los dibujos para completar cada tabla. El partido 1 muestra lo que hay que hacer.

NOTA Los estudiantes trabajan con un total de 10 fichas. Usan el número de fichas visibles para determinar el número de fichas escondidas. Este trabajo anima a los estudiantes a practicar cómo contar y descomponer un número en dos partes (10 = 6 + 4).

MME 48–49

Partido 1

Fuera	Dentro
4	6

Número total de fichas: 10

Partido 2

Número total de fichas: 10

Fuera	Dentro

Partido 3

Número total de fichas: 10

Fuera	Dentro

Nombre Fecha

Doce crayones en total: ¿Cuántos hay de cada uno?

Resuelve el problema. Muestra tu trabajo.

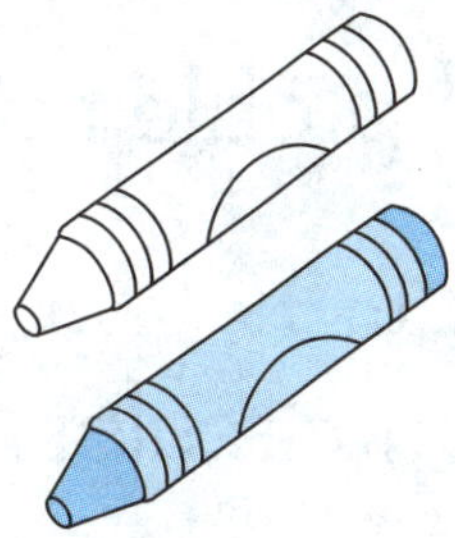

Tengo 12 crayones.
Algunos son rojos. Otros son azules.
¿Cuántos de cada uno podría tener?
¿Cuántos rojos? ¿Cuántos azules?

Halla todas las combinaciones que puedas.

Nombre Fecha

Nueve figuras: ¿Cuántas hay de cada una?

NOTA Los estudiantes hallan combinaciones de dos números que sean igual a 9. Hay varias soluciones posibles.

MME 46–47

Resuelve el problema. Muestra tu trabajo.

Tengo 9 figuras.
Algunas son círculos. Otras son triángulos.
¿Cuántas de cada una podría tener?
¿Cuántos círculos? ¿Cuántos triángulos?

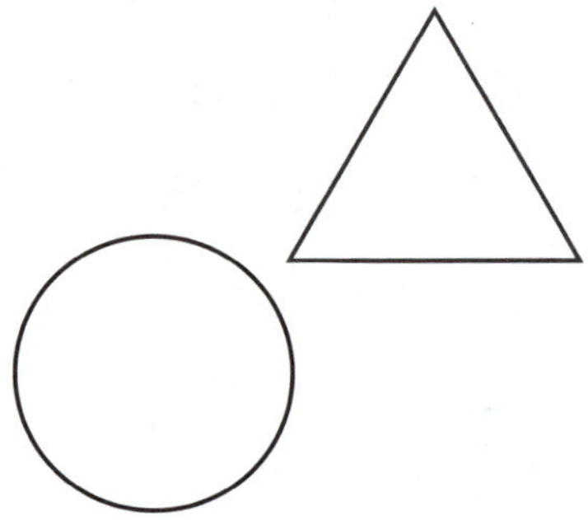

Halla todas las combinaciones que puedas.

Nombre Fecha

Rompecabezas de crayones sobre "más" (página 1 de 2)

Resuelve los problemas. Muestra tu trabajo.

1. Tengo 7 crayones.
Algunos son azules y otros son rojos.
Tengo más crayones azules.
¿Cuántos de cada uno podría tener?

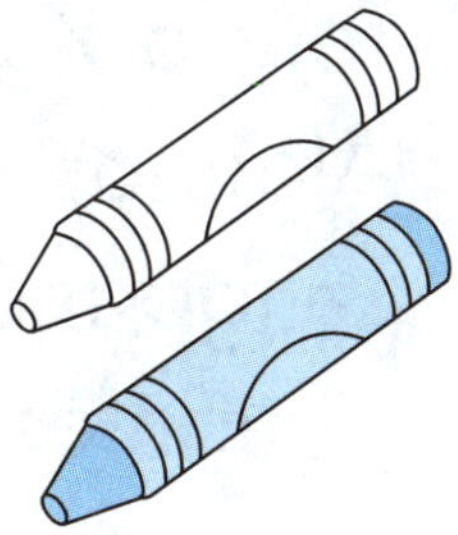

2. Tengo 8 crayones.
Algunos son azules y otros son rojos.
Tengo más crayones rojos.
¿Cuántos de cada uno podría tener?

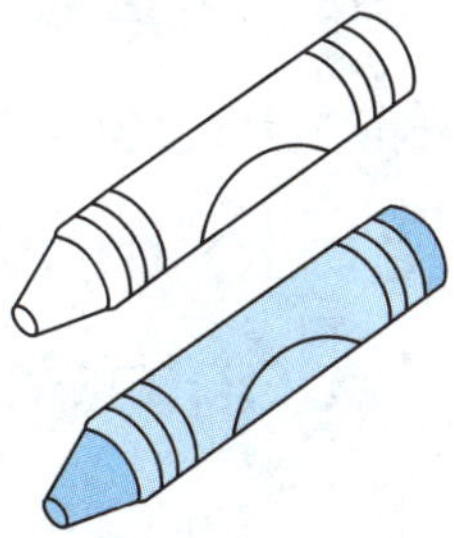

Nombre Fecha

Rompecabezas de crayones sobre “más” (página 2 de 2)

Resuelve los problemas. Muestra tu trabajo.

3. Tengo 7 crayones.
Algunos son azules y otros son rojos.
Tengo más crayones rojos.
¿Cuántos de cada uno podría tener?

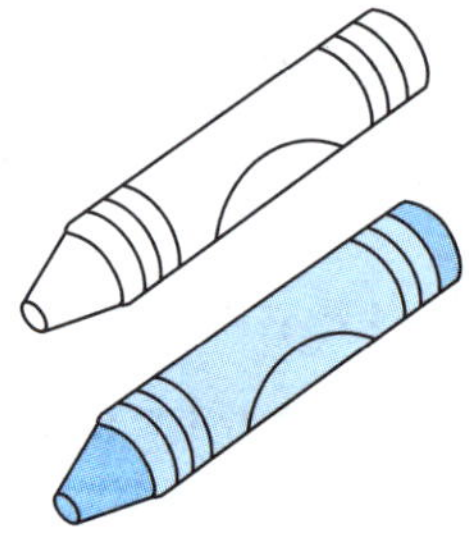

4. Tengo 9 crayones.
Algunos son azules y otros son rojos.
Tengo más crayones rojos.
¿Cuántos de cada uno podría tener?

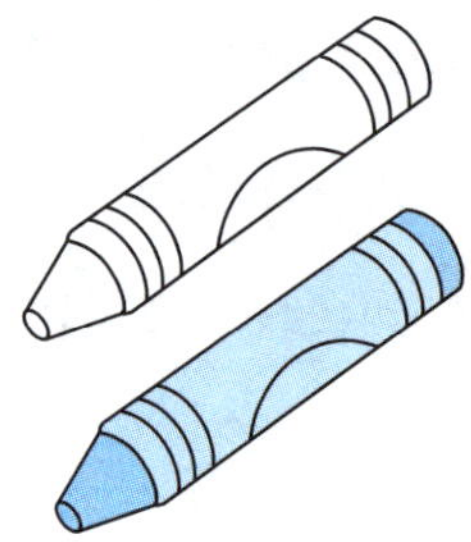

Nombre Fecha

Dentro y fuera

Hay 9 pelotas de fútbol en total.
Escribe cuántas hay fuera del bolso.
Escribe cuántas hay dentro del bolso.

NOTA Los estudiantes practican cómo contar y descomponer un número en dos partes (9 = 6 + 3).

1.

Fuera ________

Dentro ________

2.

Fuera ________

Dentro ________

3.

Fuera ________

Dentro ________

4.

Fuera ________

Dentro ________

Repaso continuo

5. ¿Qué grupo de canicas corresponde al número de cubos?

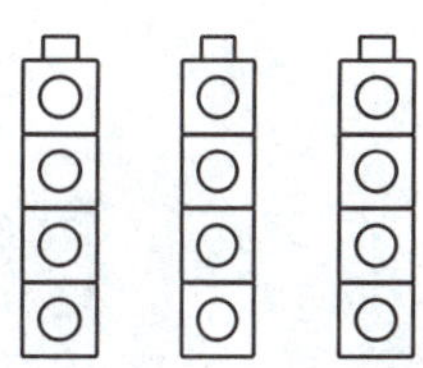

Ⓐ

Ⓑ

Ⓒ

Ⓓ

Once crayones: ¿Cuántos hay de cada uno?

Escritura

NOTA Los estudiantes hallan combinaciones de números que sean igual a 11. Hay varias soluciones posibles. Anime a su niño(a) a hallar todas las que pueda.

MME 46–47

Resuelve el problema. Muestra tu trabajo.

Tengo 11 crayones.
Algunos son rojos. Otros son azules.
¿Cuántos de cada uno podría tener?
¿Cuántos rojos? ¿Cuántos azules?

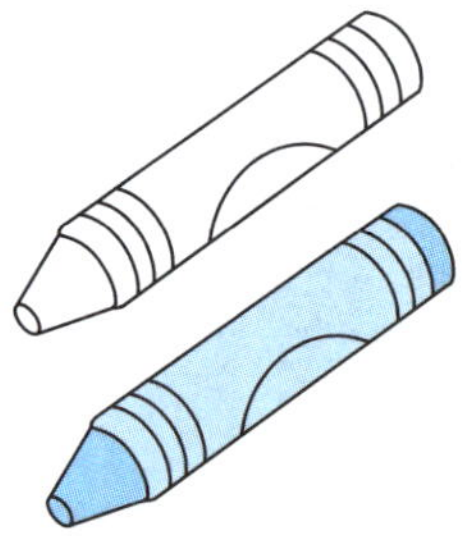

Halla todas las combinaciones que puedas.

Totales y partes que faltan

Imagina que estás jugando a *Cara o cruz.* Completa la tabla para cada partido.

NOTA Los estudiantes practican cómo contar y descomponer un número en dos partes (7 = 3 + 4).

MME J13

Partido 1

Número total: ________

Cara	Cruz
5	5

Partido 2

Número total: **10**

Cara	Cruz
	7

Partido 3

Número total: **10**

Cara	Cruz
6	

Partido 4

Número total: **11**

Cara	Cruz
5	

Partido 5

Número total: ________

Cara	Cruz
8	2

Partido 6

Número total: **10**

Cara	Cruz
	3

Más rompecabezas de crayones sobre "más" (página 1 de 2)

Resuelve los problemas. Muestra tu trabajo.

1. Tengo 9 crayones.
Algunos son azules y otros son rojos.
Tengo más crayones azules.
¿Cuántos de cada uno podría tener?

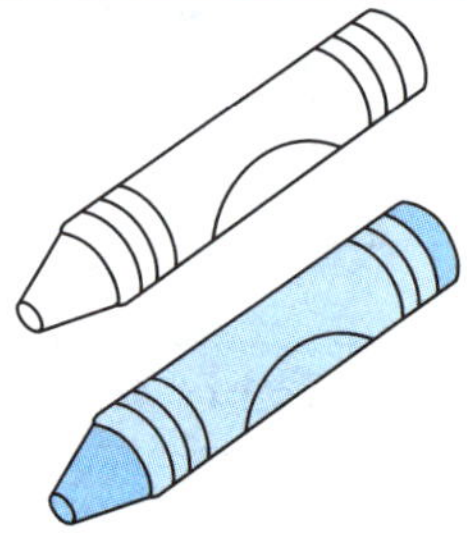

2. Tengo 10 crayones.
Algunos son azules y otros son rojos.
Tengo más crayones rojos.
¿Cuántos de cada uno podría tener?

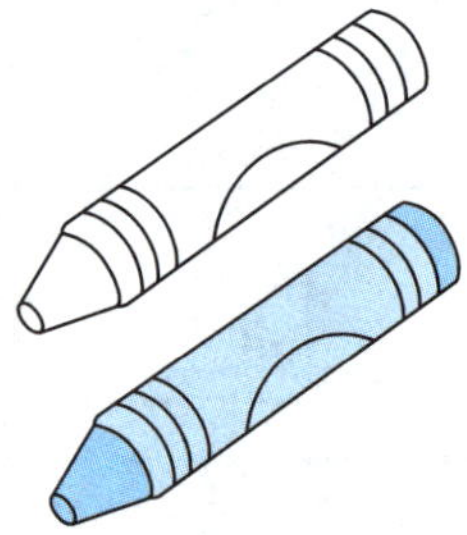

Nombre Fecha

Más rompecabezas de crayones sobre "más" (página 2 de 2)

Resuelve los problemas. Muestra tu trabajo.

3. Tengo 12 crayones.
Algunos son azules y otros son rojos.
Tengo más crayones azules.
¿Cuántos de cada uno podría tener?

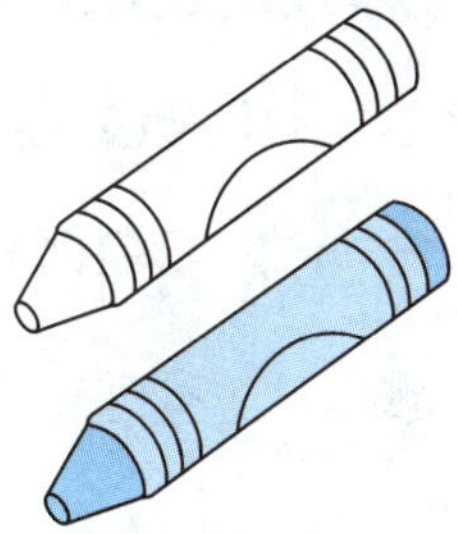

4. Tengo 13 crayones.
Algunos son azules y otros son rojos.
Tengo más crayones rojos.
¿Cuántos de cada uno podría tener?

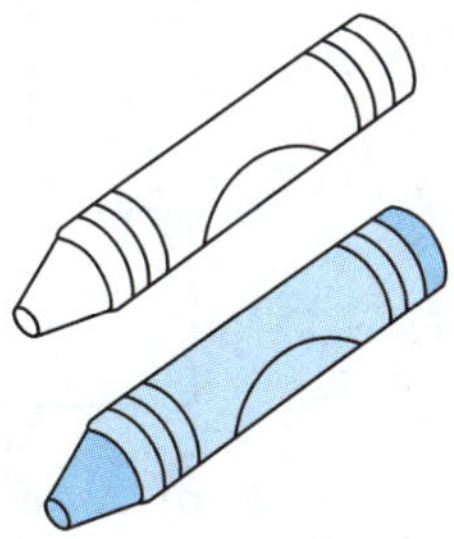

Nombre Fecha

Jack y Jill

¿A dónde van Jack y Jill?

> **NOTA** Los estudiantes continúan hallando combinaciones de 10. Puede serles de ayuda el tachar las combinaciones que no sean iguales a 10.
>
> MME 48–49

1. Encierra en un círculo las combinaciones de 10. Dibuja una línea que una las combinaciones de 10 para averiguarlo.

2. Encierra en un círculo el lugar adonde van Jack y Jill.

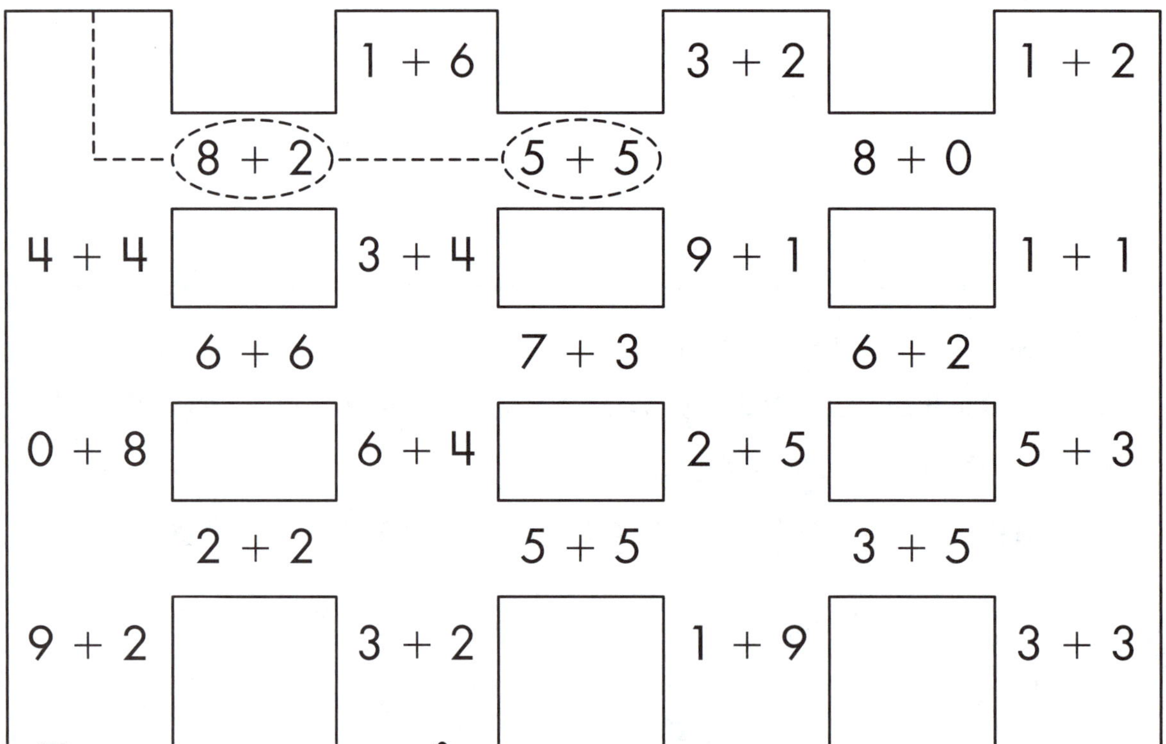

Casa

Zoo

Playa

Parque

Formar 10 en el hogar

Juega a *Formar 10* con alguna persona de tu hogar.

Escribe números para mostrar algunas tarjetas que pones juntas para formar 10. Este dibujo muestra lo que hay que hacer.

NOTA Los estudiantes juegan con una persona de su hogar. Las cartas de números primarios deben estar en casa desde una tarea anterior. Anime a su niño(a) a que le explique cómo se juega a esto. Por favor, ayude a su niño(a) a completar y devolver esta hoja.

MME **48–49, J15**

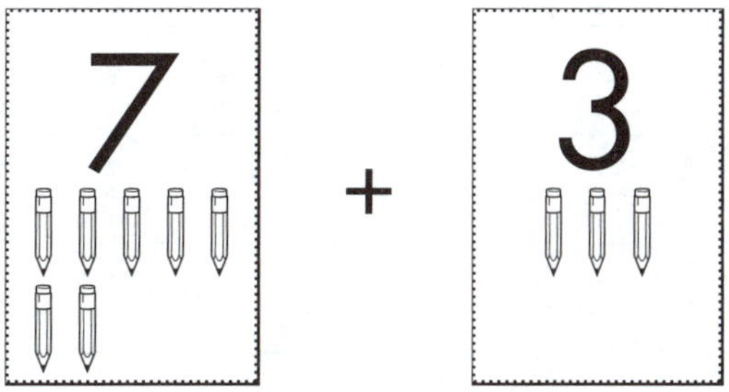

Ponemos estas cartas juntas para formar 10.

___ + ___

___ + ___

___ + ___

___ + ___

¿Cuántas nueces?

Resuelve el problema.
Muestra tu trabajo.

NOTA Los estudiantes combinan dos cantidades para resolver un problema-cuento.

MME 33–37

Una ardilla encontró 12 nueces debajo del olmo.

Luego encontró 5 nueces debajo del roble.

¿Cuántas nueces encontró la ardilla?

Contar en una recta numérica

Escribe los números que faltan en la recta numérica.

NOTA Los estudiantes practican cómo escribir números y contar en una recta numérica.

MME 26

Éste es un ejemplo.

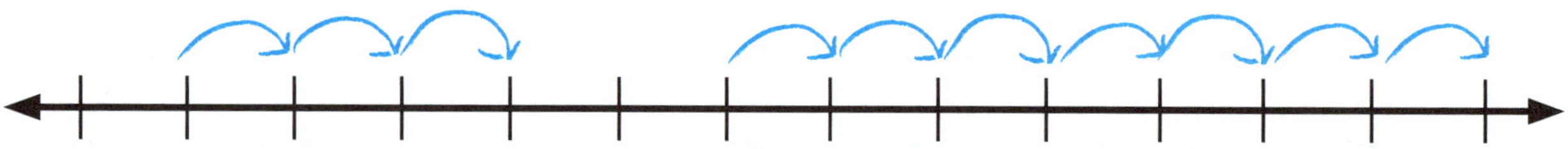

1 (2) 3 4 5 6 7 8 9 10 11 12 13 (14)

Empezar en — Llegar a

Inténtalo.

1.

22 (23) ___ ___ ___ ___ ___ 29 30 31 ___ ___ ___ ___ (36)

Empezar en — Llegar a

2.

38 39 40 (41) ___ ___ ___ ___ 46 47 ___ ___ ___ ___ (52)

Empezar en — Llegar a

Nombre Fecha

Lanzar y anotar: resta

Hoja de anotaciones

								11
								10
								9
								8
								7
								6
								5
								4
								3
								2
								1

Nombre Fecha

Unir para *Formar 10*

Une las cartas que tengan una suma igual a 10.

NOTA Los estudiantes siguen practicando combinaciones de 10.

MME 48–49

1.	2	1
2.	5	0
3.	9	4
4.	3	6
5.	6	8
6.	10	7
7.	8	2
8.	4	5

Suma de puntos en el hogar

Usa las tarjetas de Suma de puntos para hallar cada total, o muestra cada total dibujando las tarjetas de Suma de puntos.

NOTA Los estudiantes usan lo que saben sobre combinaciones para hallar otra manera de formar cada total.

MME J5

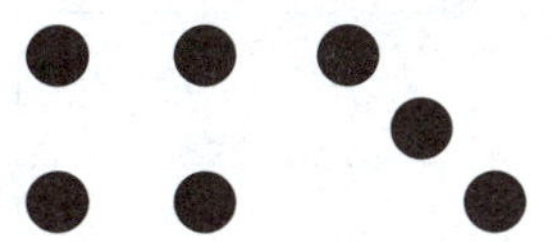 =

10 =

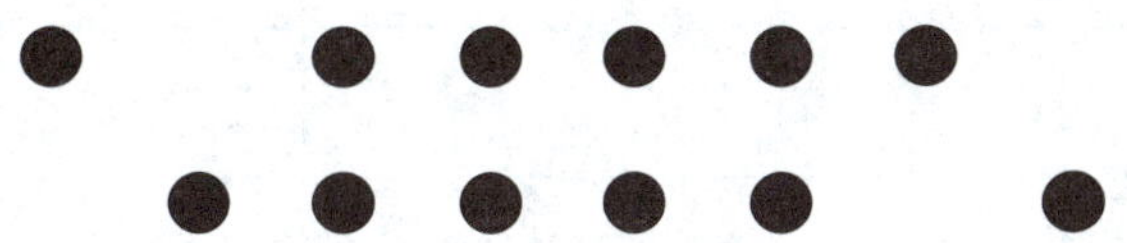 =

11 =

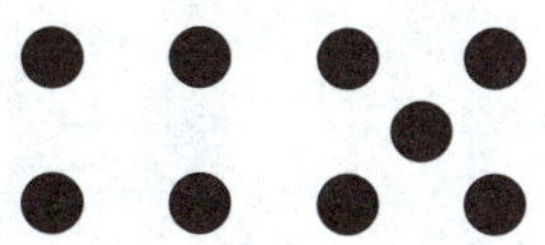 =

Problemas de resta

Resta. Escribe la respuesta.

NOTA Los estudiantes restan una cantidad de otra.

MME J20

1. 10 −  = ______

2. 11 − 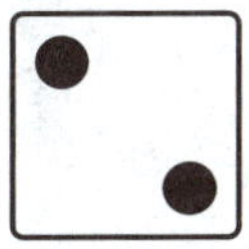 = ______

3. 7 − 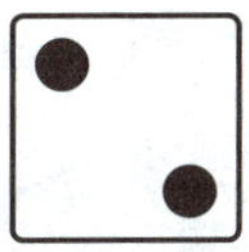 = ______

4. 10 − 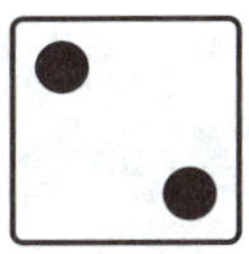 = ______

5. 9 −  = ______

6.  − 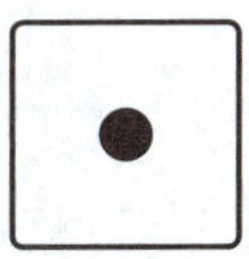 = ______

Problemas-cuento (página 1 de 4)

Resuelve los problemas. Anota tu trabajo.

1. Había 14 niños jugando en el parque.
Luego, 5 niños se fueron a su casa.
¿Cuántos niños se quedaron en el parque?

2. Rosa lavó 8 pinceles.
Max lavó 11 pinceles.
¿Cuántos pinceles lavaron en total?

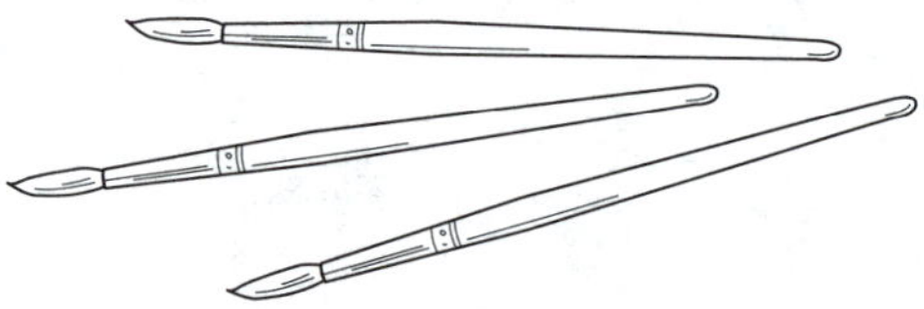

Problemas-cuento (página 2 de 4)

Resuelve los problemas. Anota tu trabajo.

3. La clase necesita cajas.
Kim consiguió 7 cajas.
Sam consiguió 4 cajas.
Luego, Kim consiguió 3 cajas más.
¿Cuántas cajas tiene la clase ahora?

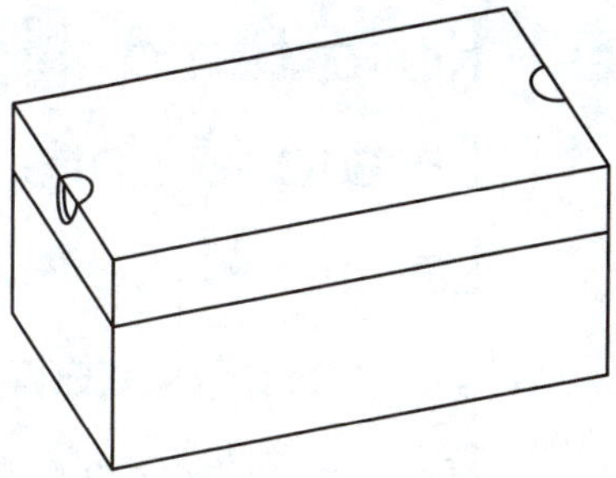

4. Max tenía 16 flores.
Le dio 5 a su mamá.
¿Cuántas flores le quedaron?

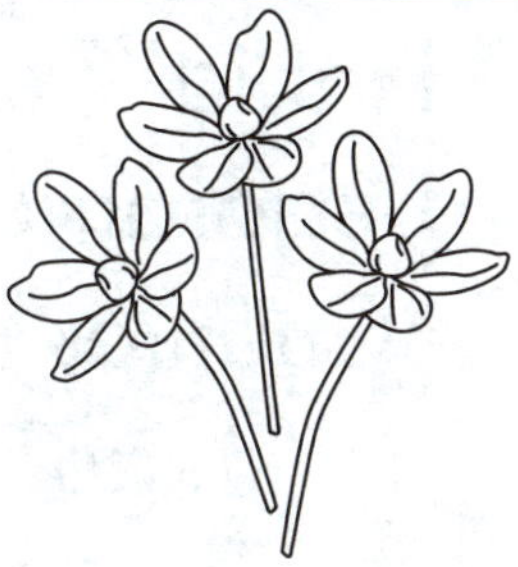

Problemas-cuento (página 3 de 4)

Resuelve los problemas. Anota tu trabajo.

5. Rosa tenía 11 cerezas.
Le dio 2 cerezas a Sam.
Le dio 4 cerezas a Kim.
¿Cuántas cerezas tiene Rosa ahora?

6. Había 9 niños en el área de juego.
Llegaron 8 niños más al área de juego.
¿Cuántos niños hay ahora en el área de juego?

Nombre Fecha

Problemas-cuento (página 4 de 4)

Resuelve los problemas. Anota tu trabajo.

7. Max, Rosa y Kim fueron a la playa.
Kim encontró 3 conchas.
Rosa encontró 2 conchas.
Max encontró 7 conchas.
¿Cuántas conchas encontraron en total?

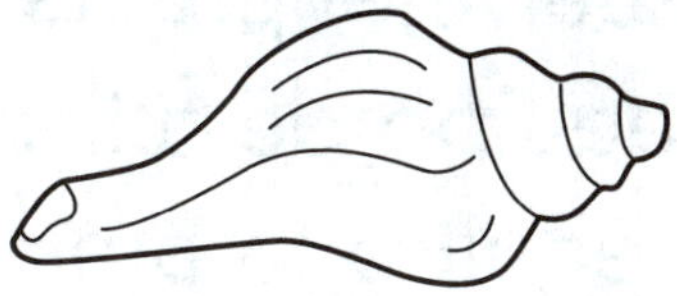

8. Sam tenía 14 calabazas.
Regaló 7.
¿Cuántas calabazas le quedaron?

Resolver un problema-cuento

NOTA Los estudiantes restan una cantidad de otra para resolver un problema-cuento.

MME 38–42

Resuelve el problema. Muestra tu trabajo.
El equipo de futbol de Max tiene 15 pelotas.
Su equipo le prestó 6 pelotas al equipo de futbol de Rosa.
¿Cuántas pelotas le quedaron al equipo de futbol de Max?

Nombre Fecha

Más problemas-cuento

NOTA Los estudiantes resuelven problemas-cuento de suma y resta.

MME 33–37, 38–42

Resuelve cada problema. Muestra cómo los resuelves.

1. Sam tiene 4 barcos grandes y 7 barcos pequeños.
   ¿Cuántos barcos tiene en total?
   ____

2. Kim tenía 14 perritos de peluche. Le dio 4 a Rosa.
   ¿Cuántos perritos de peluche tiene Kim ahora?
   ____

3. Hicieron volar 5 cometas rojas y 8 cometas verdes en el cielo.
   ¿Cuántas cometas hicieron volar en el cielo?
   ____

4. El payaso tenía 15 globos. Se reventaron 9.
   ¿Cuántos globos le quedaron?
   ____

Nombre Fecha

¿Cuántas monedas de 1¢?

Resuelve los problemas.
Muestra tu trabajo.

NOTA Los estudiantes resuelven dos problemas-cuento sobre monedas de 1¢. Un problema es de suma y el otro de resta. Anime a su niño(a) a anotar su trabajo. Puede darle algunas monedas de 1¢ para representar los cuentos.

MME **33–37, 38–42**

1. Max tenía 17 monedas de 1¢.
Usó 5 monedas de 1¢ para comprar un juguete.
¿Cuántas monedas de 1¢ tiene ahora?

---

2. Rosa tenía 11 monedas de 1¢.
Sam le dio 7 monedas de 1¢ más.
¿Cuántas monedas de 1¢ tiene Rosa ahora?

Resolver y anotar

Resuelve cada problema.
Anota tu trabajo.

NOTA Los estudiantes resuelven problemas de suma y resta con números más grandes y luego anotan sus estrategias.

MME 33–37, 38–42

1. Kim tenía una colección de 11 estampillas.
Luego, su abuelo le dio 4 estampillas más.
¿Cuántas estampillas tiene Kim ahora?

____

2. En una pecera hay 7 pececillos de colores,
3 peces negros y 9 peces de rayas.
¿Cuántos peces hay en el tanque?

____

3. En la clase hay 18 niños.
Hoy, 3 niños están ausentes.
¿Cuántos niños están presentes?

____

¿Puedes *Formar 10?*

NOTA Los estudiantes practican cómo identificar combinaciones de números que sean igual a 10.

MME 48–49

1. Colorea las figuras que tengan un par de tarjetas que sumen 10.

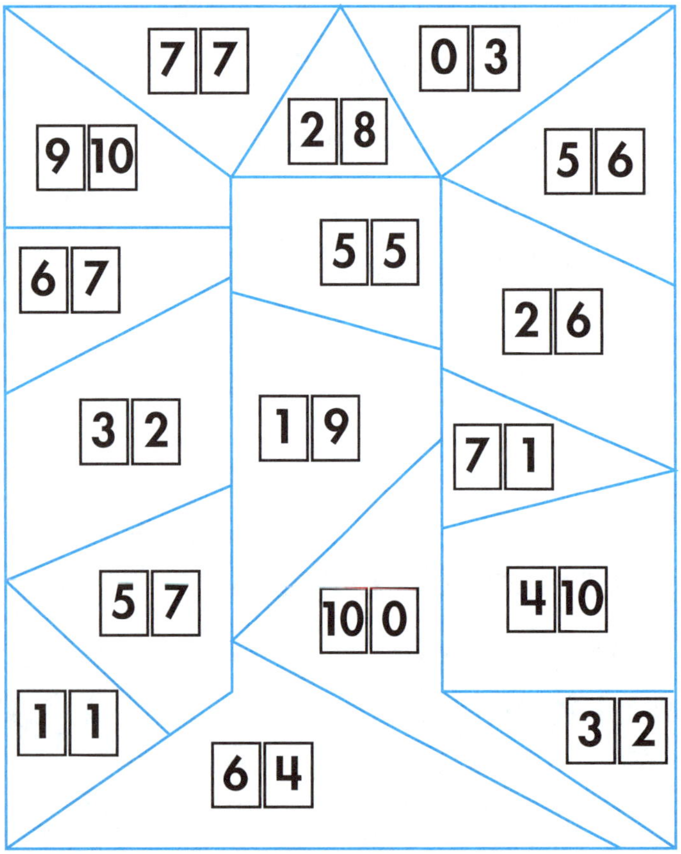

Repaso continuo

2. ¿Qué sigue?

(A) (B) (C) (D)

¡Hora de jugar!

Resuelve el problema.
Muestra tu trabajo.

NOTA Los estudiantes resuelven problemas de la vida diaria que incluyen los temas de matemáticas de esta unidad.

MME 46–47

Hay 12 juguetes para gato.

¿Cuántos juguetes podría tener cada gato?

Spiral to Infinity Steve Allen

"Fractal images are often made up of small images-within-images, constantly repeating and going smaller and smaller."– Steve Allen

Investigations

IN NUMBER, DATA, AND SPACE® en español

Cuaderno de actividades

Patrones de colores, de formas y de números

UNIDAD 7

Patrones de colores, de formas y de números

Investigación 1

Investigación 2

Nombre Fecha

Patrones de cubos

Haz un patrón con los cubos.
Luego coloréalo abajo.

1	2	3	4	5	6	7	8	9	10	11	12

Haz otro patrón con los cubos.
Luego coloréalo abajo.

1	2	3	4	5	6	7	8	9	10	11	12

Práctica de suma

Escribe los números que faltan.

NOTA Los estudiantes combinan dos cantidades para hallar el total o determinar el sumando que falta.

MME J19

1. 3 + ☐ = 10

2.  + 8 = ______

3. ☐ + 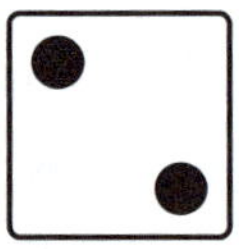 = 10

4.  + 6 = ______

5. ☐ + 9 = 10

6.  + 6 = ______

Nombre Fecha

Patrones con movimientos del cuerpo

Elige un tren de cubos. Coloréalo abajo.

1	2	3	4	5	6	7	8	9	10	11	12

Decide cuáles serán los movimientos de tu cuerpo. Abajo, escribe un código para ellos.

Las manzanas de Max

NOTA Los estudiantes restan dos números para resolver un problema-cuento.

MME 38–42

Max compró 18 manzanas.

Le dio 7 a Rosa.

¿Cuántas manzanas tiene Max ahora?

Resuelve el problema. Muestra tu trabajo.

Repaso continuo

¿Cuál es el total de las dos tarjetas de números?

3 **6**

3	6	9	12
Ⓐ	Ⓑ	Ⓒ	Ⓓ

Nombre Fecha

¿Qué sigue? Parte 1

Escritura

Elige un tren de cubos. Coloréalo aquí.

1	2	3	4	5	6

Piensa en lo que ocurre si el patrón de colores continúa de la misma manera.

1. ¿De qué color será el cubo 8? ____________

2. ¿De qué color será el cubo 10? ____________

3. ¿De qué color será el cubo 12? ____________

4. ¿Cómo sabes de qué color será el cubo 12?

Práctica de resta

Resta y escribe la respuesta.

NOTA Los estudiantes restan una cantidad de otra.

MME J20

1. 13 −  = ______

2. 10 −  = ______

3. 8 − 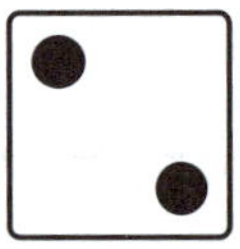 = ______

4. 10 −  = ______

5. 9 −  = ______

6. 10 −  = ______

Patrones que se repiten

NOTA Los estudiantes practican cómo hacer patrones que se repiten, usando colores y movimientos del cuerpo.

MME **53–57**

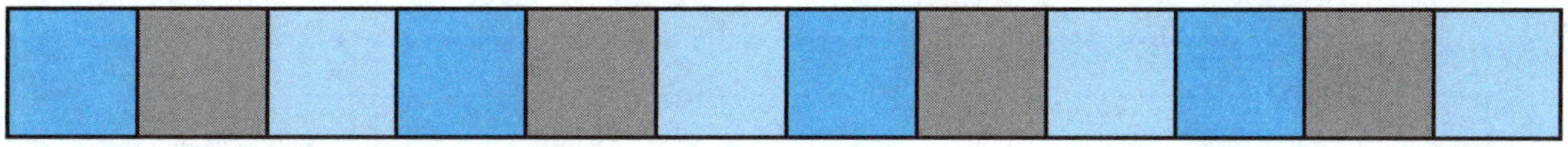

Decide qué patrón de movimientos del cuerpo corresponde con este patrón de colores. Abajo, escribe tu código para el patrón.

Haz un patrón de colores diferentes que corresponda con estos patrones.

Nombre Fecha

Separar un tren

1. Colorea tu patrón.

Colorea tu unidad.

2. Colorea tu patrón.

Colorea tu unidad.

Nombre Fecha

¿Qué falta?

Completa con los números que faltan.

NOTA Los estudiantes practican cómo escribir y establecer una secuencia de números del 1 al 100.

MME 27–29

1			4			7		9	10
	12	13		15	16	17		19	
21		23	24				28	29	30
	32			35	36				40
	42		44		46		48		50
51	52	53		55		57		59	
	62		64			67		69	
		73		75	76		78		80
81			84		86		88	89	
	92		94			97			100

Nombre Fecha

¿Qué sigue? Parte 2

Elige un tren de cubos. Coloréalo aquí.

1	2	3	4	5	6	7	8

Piensa en lo que ocurre si el patrón de colores continúa de la misma manera.

1. ¿De qué color será el cubo 10? ______________

2. ¿De qué color será el cubo 12? ______________

3. ¿De qué color será el cubo 16? ______________

4. ¿De qué color será el cubo 19? ______________

5. ¿Cómo sabes de qué color será el cubo 19?

Todo tipo de patrones

Colorea los recuadros para hacer un patrón de **colores** que corresponda con el patrón de **movimientos.**

NOTA Los estudiantes trabajan con diferentes tipos de patrones que se repiten. Hacen corresponder un patrón de colores con un patrón de movimientos.

MME 53–57

1. 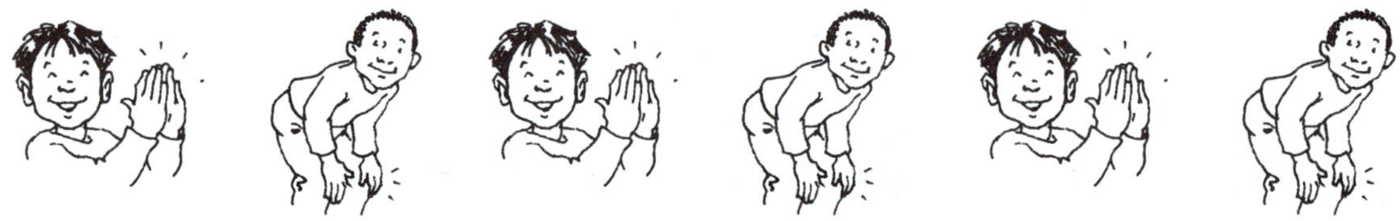

2. 

3. 

Repaso continuo

4. ¿Qué bloque de patrón tiene 6 lados?

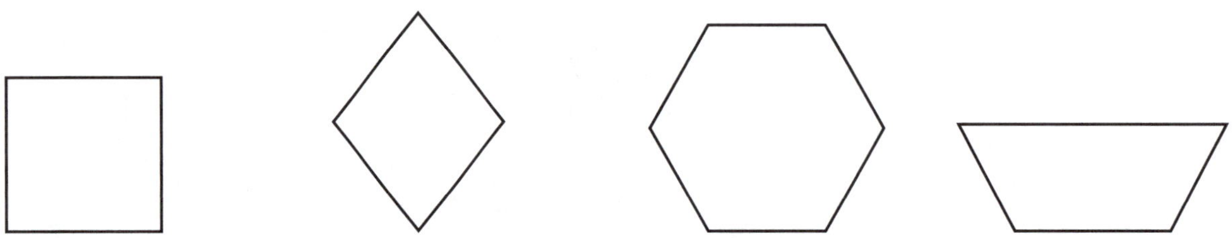

Ⓐ Ⓑ Ⓒ Ⓓ

Las mariquitas de Kim

Kim vio dos mariquitas en un árbol. Contó 11 puntos en una mariquita y 7 puntos en la otra mariquita. ¿Cuántos puntos contó Kim en total?

NOTA Los estudiantes combinan dos cantidades para resolver un problema-cuento.

MME 33–37

Resuelve el problema. Muestra tu trabajo.

Repaso continuo

¿Qué bloque se usó más veces en este diseño?

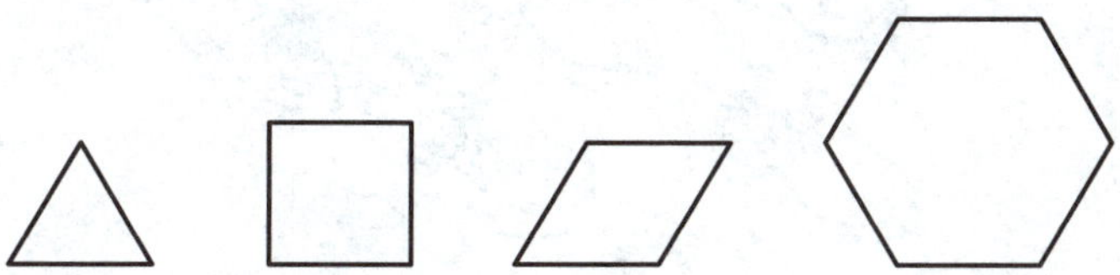

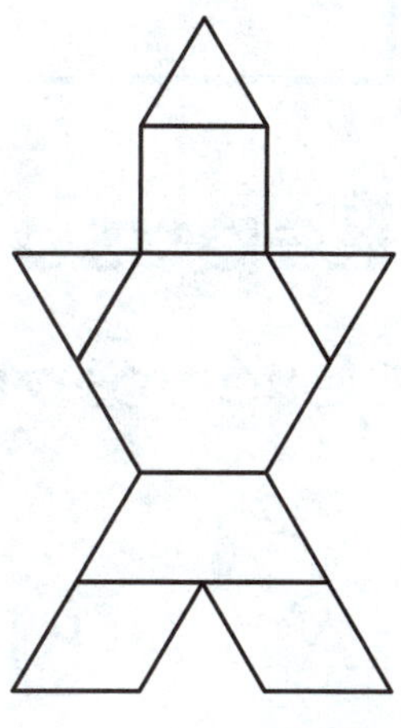

(A) (B) (C) (D)

¿Cuántas pelotas de beisbol?

NOTA Los estudiantes restan una cantidad de otra para resolver un problema-cuento.

MME 38–42

El equipo de beisbol de Kim tiene 17 pelotas. Le prestan 9 pelotas al equipo de beisbol de Sam. ¿Cuántas pelotas le quedaron al equipo de Kim?

Resuelve el problema. Muestra tu trabajo.

Repaso continuo

¿Cuántos zapatos iguales hay?

7	5	4	2
(A)	(B)	(C)	(D)

Calendario

Éste es un calendario para ti. Completa el mes y las fechas. Luego busca un lugar en tu casa para colgarlo.

NOTA Los estudiantes practican cómo anotar fechas y cómo hacer, leer y usar un calendario como un instrumento para llevar la cuenta del tiempo.

MME **17, 18, 19**

____

Nombre del mes

Domingo	Lunes	Martes	Miércoles	Jueves	Viernes	Sábado

Días especiales ______________________________

____

¿Qué sigue? Parte 3

NOTA Los estudiantes amplían un patrón que se repite para resolver un problema, de manera que el patrón se extienda para que los estudiantes puedan ver cómo se repite.

MME 59, 60

Estos patrones continúan repitiéndose de la misma manera.

1. 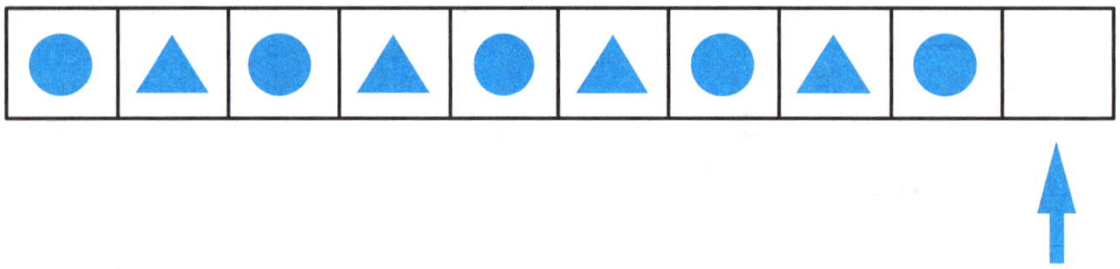

Dibuja la figura que vendría arriba de la flecha. ____________________

2. 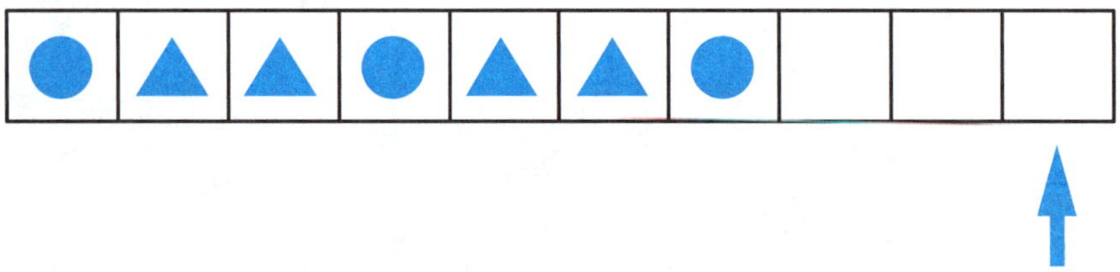

Dibuja la figura que vendría arriba de la flecha. ____________________

3. 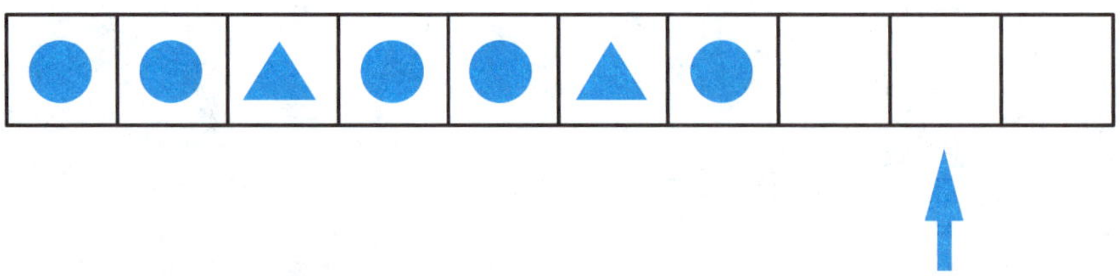

Dibuja la figura que vendría arriba de la flecha. ____________________

Problemas con frascos de monedas de 1¢ A

Dibuja el número inicial en el frasco. Escribe cuántas monedas de 1¢ hay en el frasco cada día.

1. Número que se agrega cada día: 2

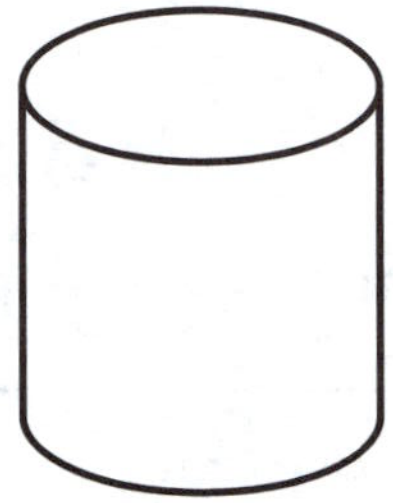

3										
Inicio	Día 1	Día 2	Día 3	Día 4	Día 5	Día 6	Día 7	Día 8	Día 9	Día 10

2. Número que se agrega cada día: 2

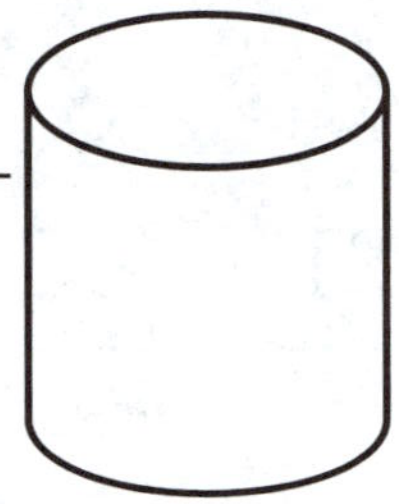

2										
Inicio	Día 1	Día 2	Día 3	Día 4	Día 5	Día 6	Día 7	Día 8	Día 9	Día 10

Problemas con frascos de monedas de 1¢ B

Dibuja el número inicial en el frasco. Escribe cuántas monedas de 1¢ hay en el frasco cada día.

1. Número que se agrega cada día: 3

1										
Inicio	Día 1	Día 2	Día 3	Día 4	Día 5	Día 6	Día 7	Día 8	Día 9	Día 10

2. Número que se agrega cada día: 3

2										
Inicio	Día 1	Día 2	Día 3	Día 4	Día 5	Día 6	Día 7	Día 8	Día 9	Día 10

Nombre Fecha

Lanzar bolas de nieve

Max estuvo lanzando bolas de nieve con sus amigos. Max le lanzó 6 bolas de nieve a Rosa. Le lanzó 4 bolas de nieve a Sam y 7 bolas de nieve a Kim. ¿Cuántas bolas de nieve lanzó Max?

NOTA Los estudiantes combinan tres cantidades para resolver un problema-cuento.

MME 33–37

Resuelve el problema. Muestra tu trabajo.

Repaso continuo

¿Qué grupo muestra uno más que el número de canicas?

Ⓐ

Ⓑ

Ⓒ

Ⓓ

Nombre Fecha

Torres en escalera A

Empezar en: ________

Subir: ________

Colorea tu torre en escalera.

¿Cuántos cubos hay? ______ ______ ______ ______ ______

Nombre Fecha

Torres en escalera B

Empezar en: 2

Subir: 2

Colorea tu torre con escalera.

¿Cuántos cubos hay? ____ ____ ____ ____ ____

Cara o cruz (página 1 de 2)

Imagina que estás jugando a *Cara o cruz*. Completa la tabla para cada partido.

> **NOTA** Los estudiantes practican cómo contar y descomponer un número en dos partes (ej., 7 = 3 + 4).
>
> MME J13

Número total: ________

Cara 	Cruz 
6	4

Número total: **10**

Cara 	Cruz 
	2

Número total: **12**

Cara 	Cruz 
3	

Número total: **10**

Cara 	Cruz 
3	

Número total: **12**

Cara 	Cruz 
	6

Número total: **12**

Cara 	Cruz 
10	

Nombre Fecha

Cara o cruz (página 2 de 2)

Número total: ______

Cara 	Cruz 
1	**9**

Número total: **11**

Cara 	Cruz 
	6

Número total: **12**

Cara 	Cruz 
8	

Número total: ______

Cara 	Cruz 
7	**2**

Número total: ______

Cara 	Cruz 
4	**7**

Número total: **11**

Cara 	Cruz 
2	

Problema con frascos de monedas de 1¢ C

Dibuja el número inicial en el frasco. Escribe cuántas monedas de 1¢ hay en el frasco cada día.

1. Número que se agrega cada día: 3

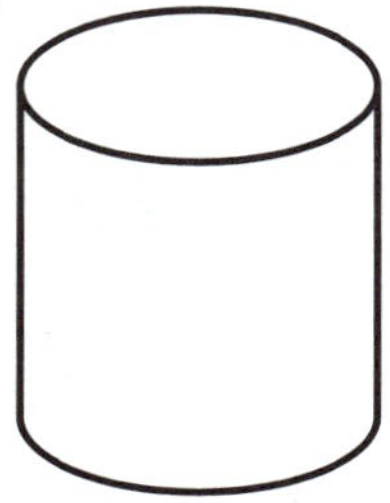

3										
Inicio	Día 1	Día 2	Día 3	Día 4	Día 5	Día 6	Día 7	Día 8	Día 9	Día 10

2. Número que se agrega cada día: ____

Inicio	Día 1	Día 2	Día 3	Día 4	Día 5	Día 6	Día 7	Día 8	Día 9	Día 10

Nombre Fecha

Problemas con frascos de monedas de 1¢ D

Dibuja el número inicial en el frasco. Escribe cuántas monedas de 1¢ hay en el frasco cada día.

1. Número que se agrega cada día: ____

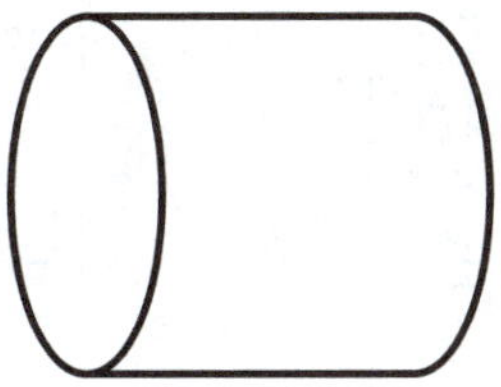

____	____	____	____	____	____	____	____	____	____	____
Inicio	Día 1	Día 2	Día 3	Día 4	Día 5	Día 6	Día 7	Día 8	Día 9	Día 10

2. Número que se agrega cada día: ____

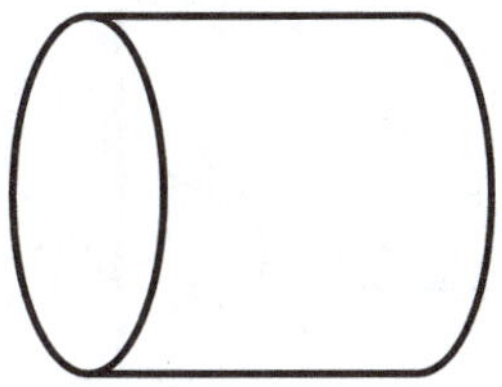

____	____	____	____	____	____	____	____	____	____	____
Inicio	Día 1	Día 2	Día 3	Día 4	Día 5	Día 6	Día 7	Día 8	Día 9	Día 10

Nombre Fecha

Torres en escalera C

Empezar en: 1

Subir: 3

Colorea tu torre en escalera.

¿Cuántos cubos hay? ____ ____ ____ ____ ____

Nombre ____________ Fecha ____________

Torres en escalera D

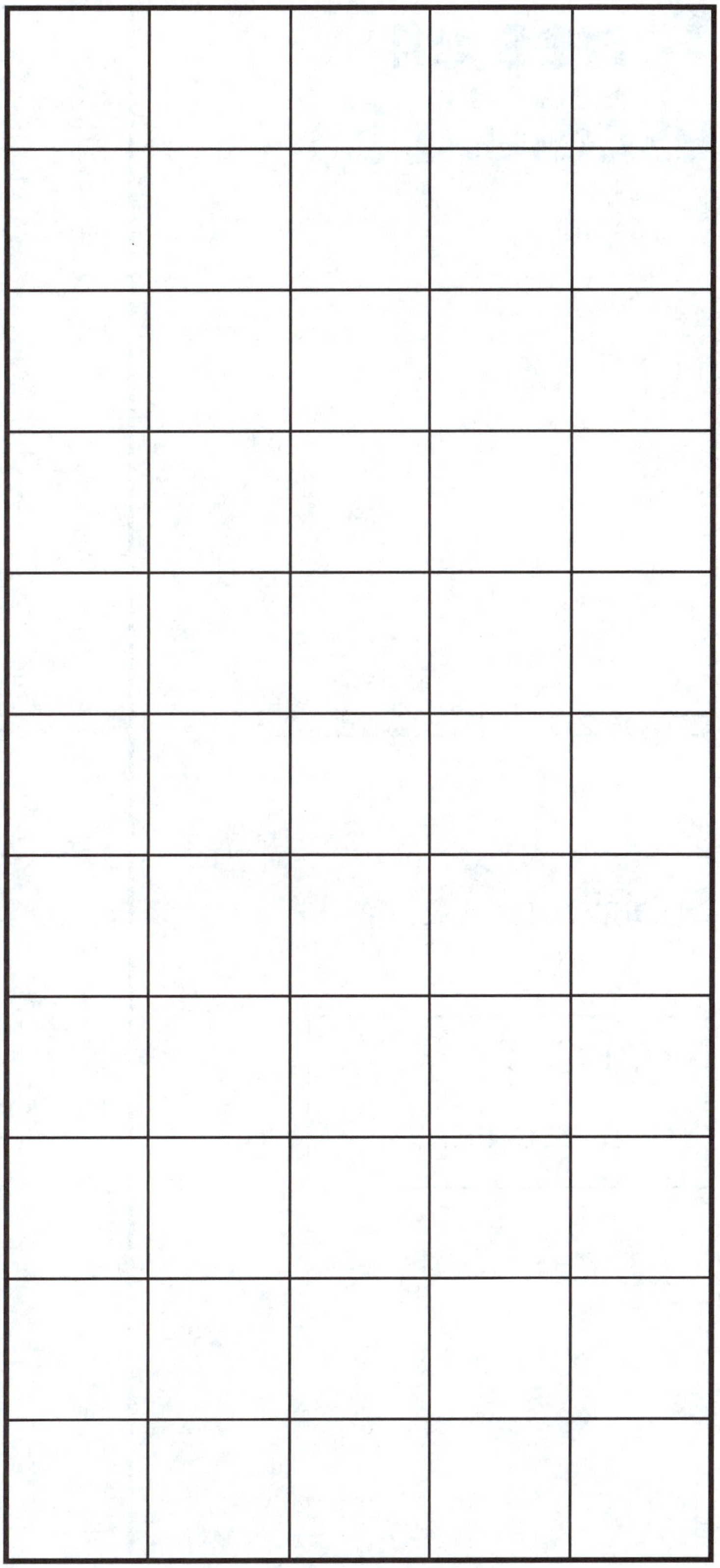

Empezar en: ___2___

Subir: ___3___

Colorea tu torre en escalera.

¿Cuántos cubos hay? ____ ____ ____ ____ ____

Torres en escalera E

Empezar en: 3

Subir: 3

Colorea tu torre con escalera.

¿Cuántos cubos hay? ______ ______ ______ ______ ______

Nombre Fecha

Más problemas con frascos de monedas de 1¢

NOTA Los estudiantes anotan secuencias de números mientras resuelven problemas con frascos de monedas de 1¢. Al principio hay un cierto número de monedas de 1¢ en el frasco. Cada día se agrega el mismo número de monedas de 1¢. En el segundo problema, los estudiantes deciden su propio número inicial y el número que se agrega cada día.

MME 61–63

Dibuja el número inicial en el frasco. Escribe cuántas monedas de 1¢ hay en el frasco cada día.

1. Número que se agrega cada día: 2

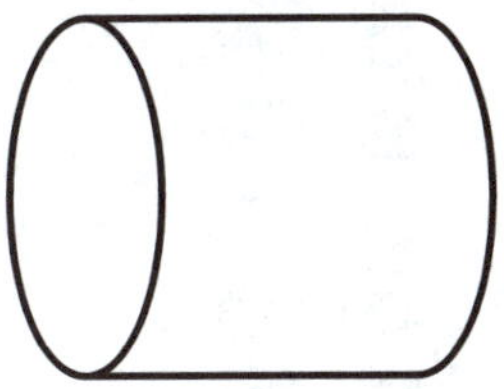

Inicio	Día 1	Día 2	Día 3	Día 4	Día 5	Día 6	Día 7	Día 8	Día 9	Día 10
10										

2. Número que se agrega cada día: ____

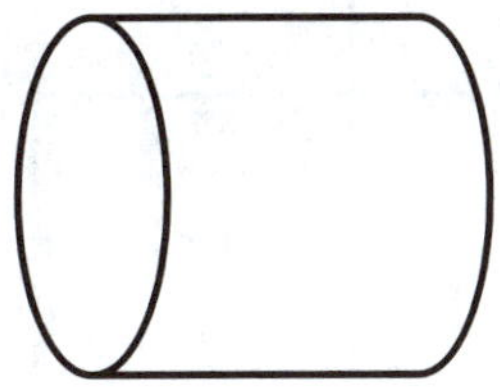

Inicio	Día 1	Día 2	Día 3	Día 4	Día 5	Día 6	Día 7	Día 8	Día 9	Día 10

Nombre Fecha

Dos figuras (página 1 de 2)

En la tira de números, haz un patrón con dos tipos de figuras.

Pega tu patrón aquí.

1	2	3	4	5	6	7	8	9	10

1. Dibuja o pega una de tus figuras aquí.
¿Qué números hay debajo de esta figura?

_____, _____, _____, _____, _____, _____

2. Dibuja o pega una de tus figuras aquí.
¿Qué números hay debajo de esta figura?

_____, _____, _____, _____, _____, _____

Dos figuras (página 2 de 2)

Si el patrón continúa:

3. ¿Qué figura estará en la caja número 13?

4. ¿Qué figura estará en la caja número 14?

¿Cómo lo sabes?

5. ¿Qué figura estará en la caja número 17?

Nombre Fecha

¿Cuántos pollos?

NOTA Los estudiantes restan una cantidad de otra para resolver un problema-cuento.

MME 38–42

En el corral de una granja había 16 pollos. De repente, 8 pollos corrieron al establo. ¿Cuántos pollos quedaron en el corral?

Resuelve el problema. Muestra tu trabajo.

Repaso continuo

¿Qué sigue?

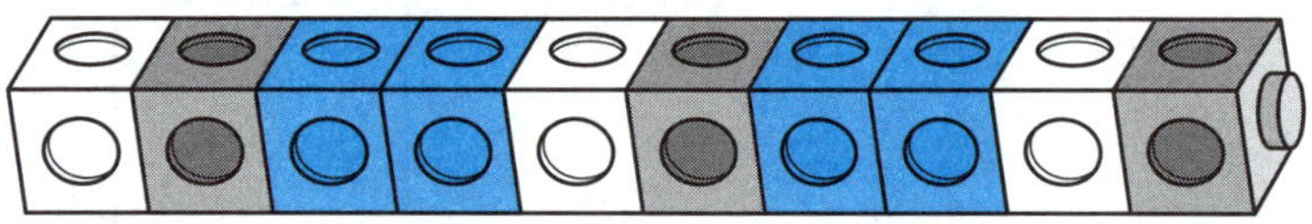

Ⓐ Ⓑ Ⓒ Ⓓ

Nombre Fecha

El frasco de monedas de 1¢ de Rosa

Rosa empezó con 2 monedas de 1¢ en su frasco.

Ella pone 2 monedas de 1¢ más cada día.

¿Cuántas monedas de 1¢ tendrá el día 5?

Resuelve el problema. Muestra tu trabajo.

NOTA Los estudiantes resuelven un problema sobre una situación en la que una cantidad aumenta a un ritmo constante con el tiempo. Los estudiantes resuelven el problema y anotan su trabajo.

MME 61–63

Nombre Fecha

Tres figuras (página 1 de 2)

En la tira de números, haz un patrón con tres tipos de figuras.

Pega tu patrón aquí.

1	2	3	4	5	6	7	8	9	10

1. Dibuja o pega una de tus figuras aquí.
¿Qué números hay debajo de esta figura?

_____, _____, _____, _____

2. Dibuja o pega una de tus figuras aquí.
¿Qué números hay debajo de esta figura?

_____, _____, _____, _____

3. Dibuja o pega una de tus figuras aquí.
¿Qué números hay debajo de esta figura?

_____, _____, _____, _____

Nombre Fecha

Tres figuras (página 2 de 2)

Si el patrón continúa:

4. ¿Qué figura estará en la caja número 12?

5. ¿Qué figura estará en la caja número 16?

¿Cómo lo sabes?

6. ¿Qué figura estará en la caja número 20?

Nombre Fecha

Leones y ranas

La maestra tiene 13 pegatinas de leones y 6 pegatinas de ranas. ¿Cuántas pegatinas tiene la maestra?

NOTA Los estudiantes combinan dos cantidades para resolver un problema-cuento.

MME 33–37

Resuelve los problemas. Anota tu trabajo.

Repaso continuo

¿Te gustan las bananas?

No	Sí
☹ ☹ ☹ ☹	☺ ☺ ☺ ☺ ☺ ☺ ☺ ☺ ☺ ☺ ☺ ☺ ☺ ☺ ☺

¿A cuántos niños les gustan las bananas?

4	12	15	19
Ⓐ	Ⓑ	Ⓒ	Ⓓ

¿A cuántos niños **no** les gustan las bananas?

19	15	5	4
Ⓐ	Ⓑ	Ⓒ	Ⓓ

Nombre Fecha

Patrones que se repiten 1

Escritura

NOTA Los estudiantes practican cómo trabajar con patrones que se repiten, determinando qué figura o letra estará en una posición posterior si el patrón continúa de la misma manera.

MME 59, 60

1.

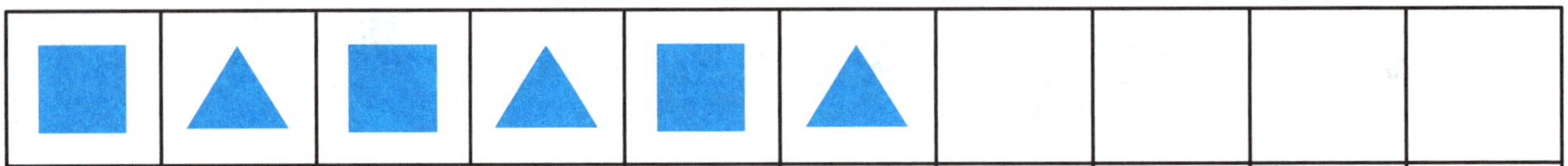

1	2	3	4	5	6	7	8	9	10

Si este patrón continúa de la misma manera, ¿qué figura estará en la caja número 19? ¿Cómo lo sabes?

2.

A	B	B	A	B	B				
1	2	3	4	5	6	7	8	9	10

Si este patrón continúa de la misma manera, ¿qué figura estará en la caja número 18? ¿Cómo lo sabes?

Patrones que se repiten 2

Escritura

NOTA Los estudiantes practican cómo trabajar con patrones que se repiten, determinando qué figura o letra estará en una posición posterior si el patrón continúa de la misma manera.

MME 59, 60

1.

○	~	⊥	○	~	⊥				
1	2	3	4	5	6	7	8	9	10

Si este patrón continúa de la misma manera, ¿qué figura estará en la caja número 16? ¿Cómo lo sabes?

2.

R	R	S	S	R	R	S	S		
1	2	3	4	5	6	7	8	9	10

Si este patrón continúa de la misma manera, ¿qué figura estará en la caja número 14? ¿Cómo lo sabes?

Flores de primavera

NOTA Los estudiantes crean sus propios patrones usando tres o cuatro elementos.

MME 53–57

Carol y Vic están ayudando a plantar un jardín de flores. Carol tiene flores rojas, flores rosadas y flores azules. Muestra una manera en que Carol puede plantar sus flores para hacer un patrón. Describe el patrón.

Vic tiene flores blancas, flores amarillas, flores rosadas y flores moradas. Muestra una manera en que Vic puede plantar sus flores para hacer un patrón. Describe el patrón.

Spiral to Infinity Steve Allen

"Fractal images are often made up of small images-within-images, constantly repeating and going smaller and smaller."– Steve Allen

Investigations

IN NUMBER, DATA, AND SPACE®

en español

Cuaderno de actividades

Grupos de dos, de cinco y de diez

UNIDAD 8

Grupos de dos, de cinco y de diez

Investigación 1

Investigación 2

Investigación 3

Nombre Fecha

Diez turnos Hoja de anotaciones

Diez turnos

Turno 1 Sacamos ________. Ahora tenemos ________.

Turno 2 Sacamos ________. Ahora tenemos ________.

Turno 3 Sacamos ________. Ahora tenemos ________.

Turno 4 Sacamos ________. Ahora tenemos ________.

Turno 5 Sacamos ________. Ahora tenemos ________.

Turno 6 Sacamos ________. Ahora tenemos ________.

Turno 7 Sacamos ________. Ahora tenemos ________.

Turno 8 Sacamos ________. Ahora tenemos ________.

Turno 9 Sacamos ________. Ahora tenemos ________.

Turno 10 Sacamos ________. Ahora tenemos ________.

¿Qué hay en el bolso?

Hay 10 pelotas en total. Escribe cuántas pelotas hay **fuera** del bolso. Escribe cuántas pelotas hay **dentro** del bolso. Escribe una ecuación.

NOTA Los estudiantes practican cómo hallar diferentes combinaciones de 10.

MME 48–49

Fuera 6

Dentro 4

Ecuación $6 + 4 = 10$

1.

Fuera ______

Dentro ______

Ecuación ______________

2.

Fuera ______

Dentro ______

Ecuación ______________

3.

Fuera ______

Dentro ______

Ecuación ______________

4.

Fuera ______

Dentro ______

Ecuación ______________

Números que faltan Hoja de anotaciones

Vuelta 1: Creo que faltan estos números.

_________ _________ _________ _________ _________

Vuelta 2: Creo que faltan estos números.

_________ _________ _________ _________ _________

Vuelta 3: Creo que faltan estos números.

_________ _________ _________ _________ _________

Vuelta 4: Creo que faltan estos números.

_________ _________ _________ _________ _________

Vuelta 5: Creo que faltan estos números.

_________ _________ _________ _________ _________

Vuelta 6: Creo que faltan estos números.

_________ _________ _________ _________ _________

Totales y partes que faltan

Escribe el número total o la parte que falta.

NOTA Los estudiantes usan la suma y la resta para hallar el total o el sumando que falta.

MME J19

1.  + 7 = ______

2.  + 8 = ______

3. ☐ +  = 10

4.  + 9 = ______

5. 7 + ☐ = 10

6.  + ☐ = 10

Nombre Fecha

¿Qué falta? 1

¿Qué números faltan?
Escríbelos en la tabla.

1	2	3	4		6	7			
11		13		15			18	19	20
21	22		24		26		28		30
		33		35		37	38	39	40
41		43	44	45	46	47	48	49	
51	52		54	55	56		58	59	60
	62	63	64		66	67	68		70
	72	73	74		76	77	78	79	
81		83		85	86		88	89	
91	92		94	95		97	98		100

Nombre Fecha

¿Qué falta? 2

¿Qué números faltan?
Escríbelos en la tabla.

1		3		5		7		9	
11		13		15		17		19	
	22		24		26		28		30
	32		34		36		38		40
51	52		54	55		57	58		60
	62		64	65		67	68		70
	72			75			78		
81			84			87			90
91		93		95		97		99	

Nombre Fecha

¿Qué falta? 3

¿Qué números faltan?
Escríbelos en la tabla.

		23		25	26	27	28	29	
	32		34		36		38		
		43		45	46	47		49	
51			54			57	58	59	
	62	63		65		67	68		
									80
	82		84	85		87			
		93			96	97		99	

Nombre Fecha

¿Qué falta? 4

¿Qué números faltan?
Escríbelos en la tabla.

						7			
						17			
						27			
31	32	33	34	35	36	37	38	39	40
						47			
						57			
						67			
						77			
						87			
						97			

Nombre　　　　　　　　　　　　Fecha

¿Qué falta? 5

¿Qué números faltan?
Escríbelos en la tabla.

						17			
		23							
			34						
				45					
								69	
							78		
						87			
	92								

Nombre Fecha

Diez en total

Hay 10 fichas en total. Escribe cuántas hay **sobre** el papel. Escribe cuántas hay **fuera** del papel. Escribe una ecuación.

NOTA Los estudiantes practican cómo hallar diferentes combinaciones de 10.

MME 48–49

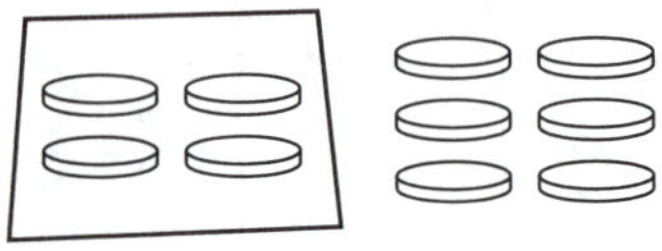

Sobre 4 Fuera 6

Ecuación $4 + 6 = 10$

1.

Sobre ______ Fuera ______

Ecuación ______________

2.

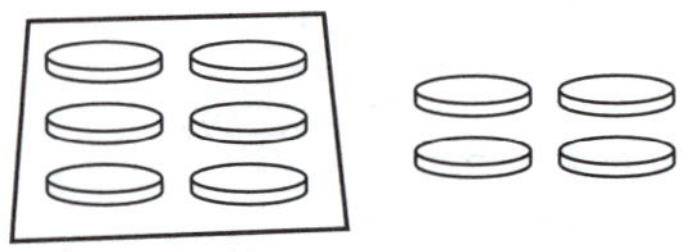

Sobre ______ Fuera ______

Ecuación ______________

3.

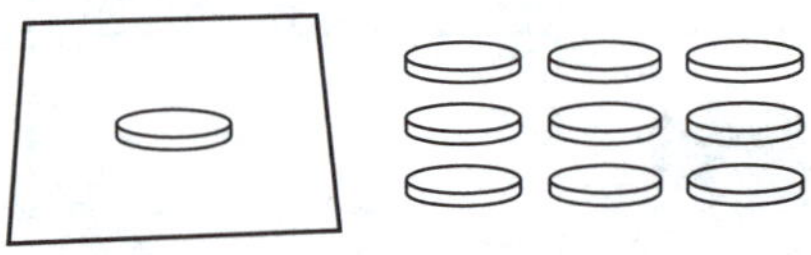

Sobre ______ Fuera ______

Ecuación ______________

4.

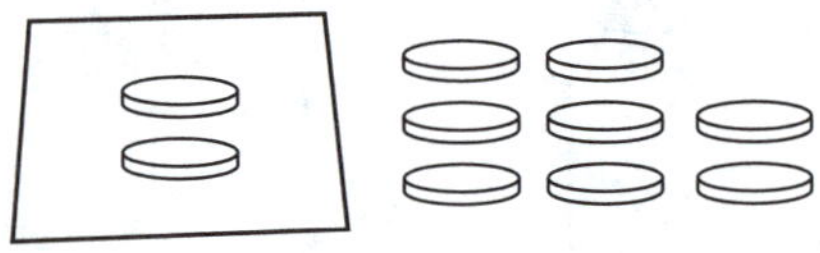

Sobre ______ Fuera ______

Ecuación ______________

5.

Sobre ______ Fuera ______

Ecuación ______________

6.

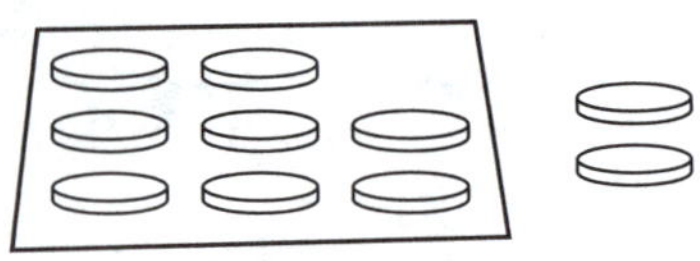

Sobre ______ Fuera ______

Ecuación ______________

Nombre Fecha

Tarea

Tiras de conteo en el hogar

Escribe los números que faltan en las tiras de conteo.

NOTA Para esta tarea, los estudiantes practican cómo escribir y establecer una secuencia de números.

MME 21–23

6	34	77
7	35	78
8	36	79

Nombre Fecha

Contar hasta 100

Completa con los números que faltan.

NOTA Los estudiantes practican cómo escribir números y trabajan ordenando los números del 1 al 100.

MME 27–29

1	2	3	4	5		7	8	9	10
11		13	14	15	16		18	19	20
21	22	23			26	27	28		30
31	32	33	34	35		37	38	39	
41		43	44	45	46	47	48	49	50
	52	53	54	55	56		58		60
61			64		66	67	68	69	
71	72	73		75		77		79	80
	82		84	85	86	87		89	90
91			94		96		98	99	

Nombre   Fecha

¿Cuántas manos?

Resuelve el problema. Muestra tu trabajo.

¿Cuántas manos hay en un grupo de 8 niños?

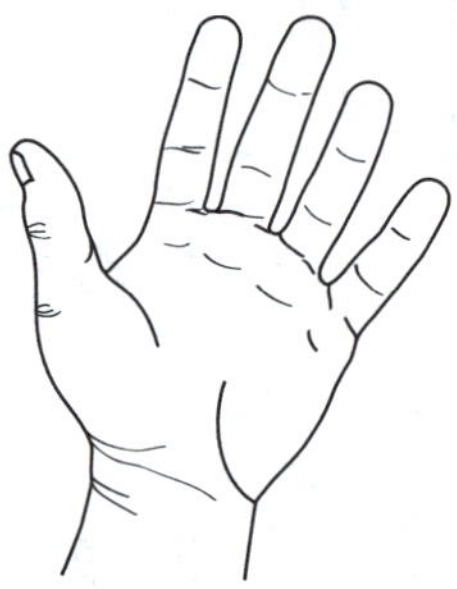

Nombre Fecha

Pares de cosas

Escribe cuántos hay en cada grupo.

NOTA Los estudiantes practican cómo contar en grupos de 2.

MME 24–25

1.  ______

2. 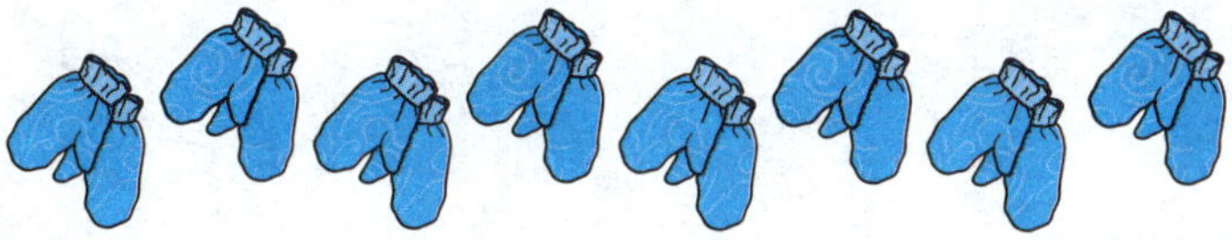 ______

3.  ______

4. 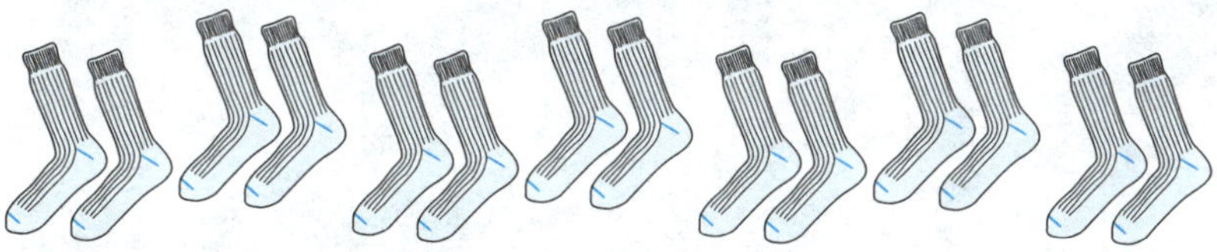 ______

5.  ______

Repaso continuo

6. ¿Qué figura tiene 4 lados?

(A)  (B)  (C)  (D) 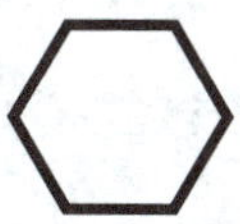

Nombre Fecha

Manos en el hogar

Resuelve el problema. Muestra tu trabajo.

Haz un dibujo de todas las personas que viven contigo. Averigua cuántas manos hay.

NOTA Los estudiantes usan lo que saben sobre grupos de 2 para averiguar el número total de manos que hay en casa, basados en el número total de personas que viven allí.

MME 24–25

¡Inténtalo!

¿Tienes mascotas? Entonces intenta esto. Averigua cuántas manos y patas hay en tu casa. Usa otra hoja de papel.

Nombre Fecha

Problemas sobre ojos, orejas y codos (página 1 de 4)

Resuelve cada problema. Muestra tu trabajo.

1. ¿Cuántos ojos hay en un grupo de 5 personas?

2. ¿Cuántos ojos hay en un grupo de 10 personas?

Problemas sobre ojos, orejas y codos (página 2 de 4)

Resuelve cada problema. Muestra tu trabajo.

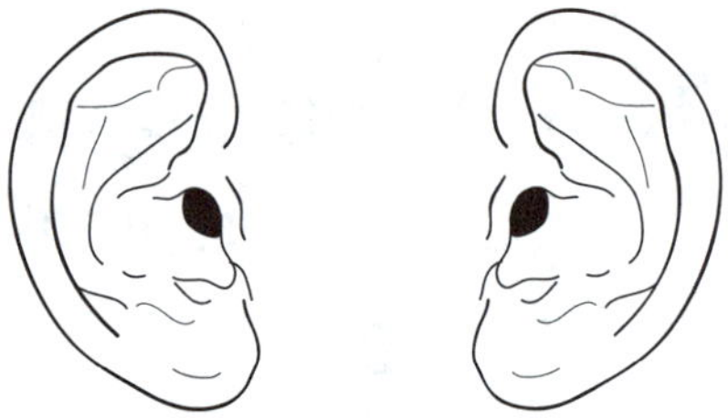

3. ¿Cuántas orejas hay en un grupo de 7 personas?

4. ¿Cuántas orejas hay en un grupo de 8 personas?

Problemas sobre ojos, orejas y codos (página 3 de 4)

5. ¿Cuántos codos hay en un grupo de 7 personas?

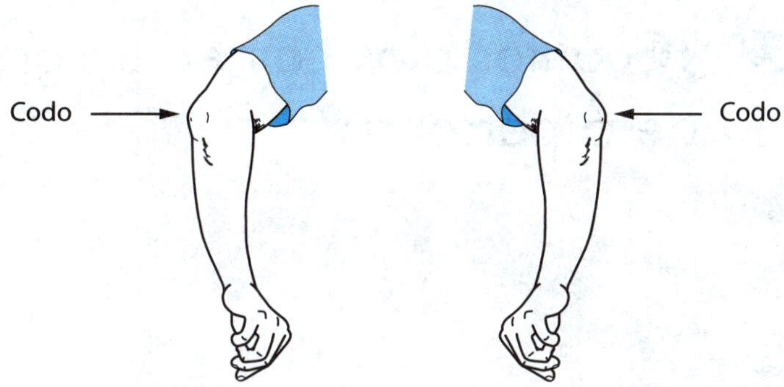

6. ¿Cuántos codos hay en un grupo de 14 personas?

Nombre Fecha

Problemas sobre ojos, orejas y codos (página 4 de 4)

Resuelve cada problema. Muestra tu trabajo.

7. ¿Cuántos ojos hay en un grupo de 6 personas?

8. ¿Cuántos codos hay en un grupo de 12 personas?

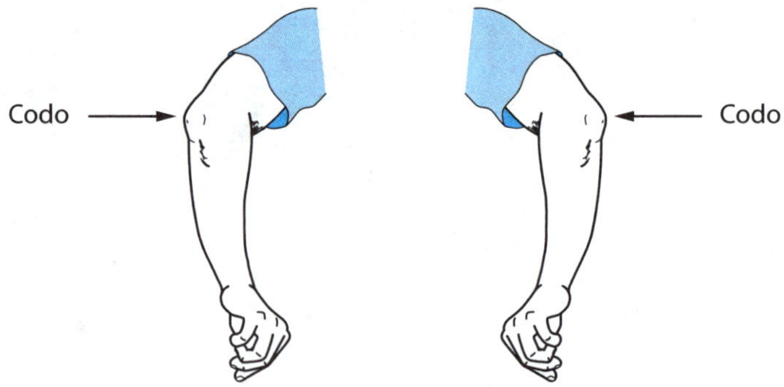

Nombre Fecha

Diez que se van

Imagina que estás jugando a *Diez que se van.* ¿Qué tarjeta pedirás para formar un total de 10? Haz un dibujo de esa tarjeta.

NOTA A los estudiantes se les da un número y determinan qué número tienen que sumar para formar un total de 10.

MME 48–49

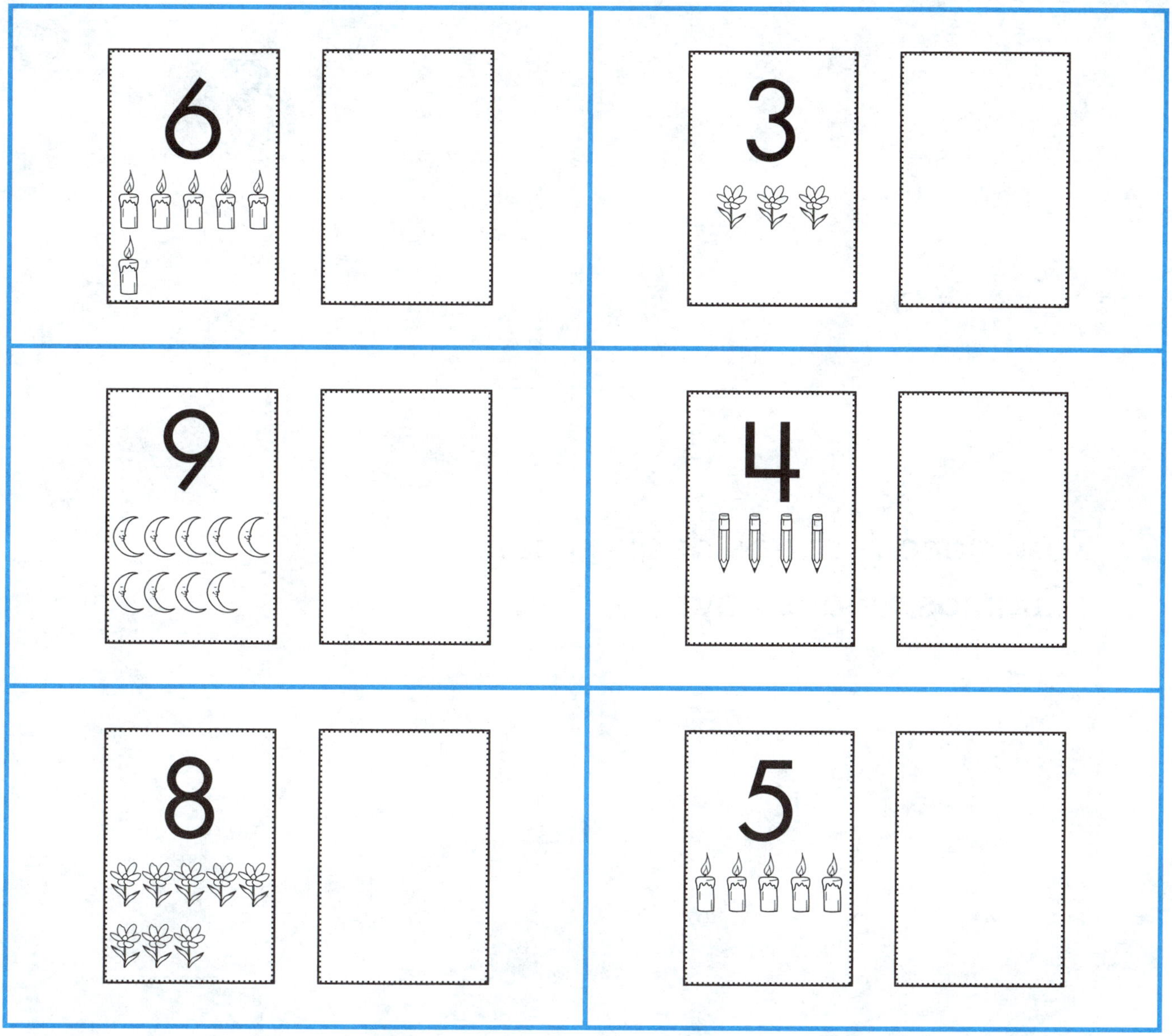

Nombre Fecha

¿Cuántas ruedas?

Resuelve cada problema. Muestra tu trabajo.

1. Max tiene 3 carros de juguete. ¿Cuántas ruedas hay?

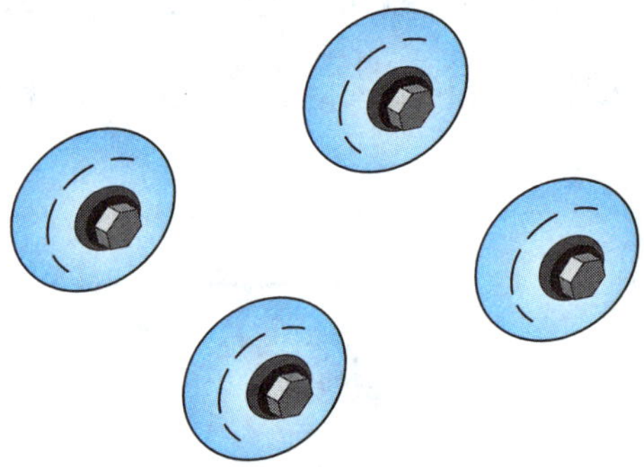

2. Rosa tiene 6 carros de juguete. ¿Cuántas ruedas hay?

¿Cuántos veo?

Resuelve cada problema. Anota tu trabajo.

NOTA Los estudiantes practican cómo contar y combinar cosas que vienen en grupos de 2 y de 4.

MME 24–25

1. Veo 4 niños.
¿Cuántos ojos veo?
____

2. Veo 3 caballos.
¿Cuántas patas veo?
____

3. Veo 6 pájaros.
¿Cuántas patas veo?
____

4. Veo 4 perritos.
¿Cuántas orejas veo?
____

5. Veo 2 gatos.
¿Cuántas patas veo?
____

6. Veo 4 niñas.
¿Cuántos ojos veo?
____

Repaso continuo

7. ¿Cuántos días hay en abril?

Ⓐ 1 Ⓑ 23

Ⓒ 30 Ⓓ 31

ABRIL

D	L	M	Mi	J	V	S
				1	2	3
4	5	6	7	8	9	10
11	12	13	14	15	16	17
18	19	20	21	22	23	24
25	26	27	28	29	30	

Nombre Fecha

Gatos y patas

Resuelve cada problema.
Muestra tu trabajo.

NOTA Los estudiantes usan lo que saben sobre grupos de 4 para averiguar el número total de patas basado en un número de gatos.

MME **24–25**

1. Hay 4 gatos en el jardín. ¿Cuántas patas hay?

2. Hay 5 gatos en el jardín. ¿Cuántas patas hay?

Nombre Fecha

¿Cuántos dedos? 1 (página 1 de 2)

Resuelve cada problema. Muestra tu trabajo.

1. ¿Cuántos dedos hay en 4 manos?

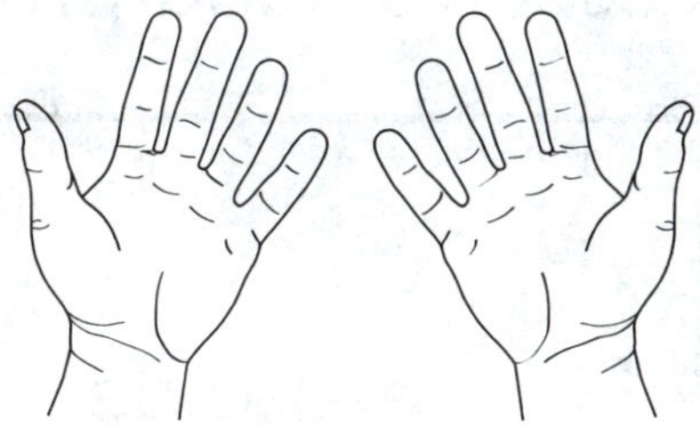

2. ¿Cuántos dedos hay en 8 manos?

¿Cuántos dedos? 1 (página 2 de 2)

Intenta hacer estos problemas para valientes.
Resuelve cada problema. Muestra tu trabajo.

RETO

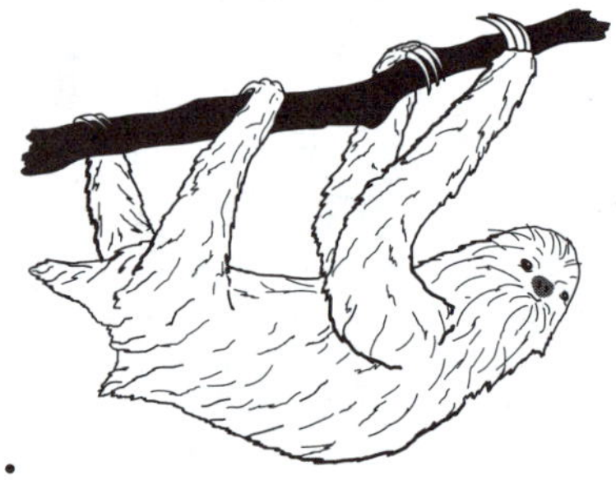

El perezoso de tres dedos es un animal que tiene 4 patas.

Este animal tiene 3 pezuñas en cada pata.

1. ¿Cuántas pezuñas tiene en total 1 perezoso de tres dedos?

2. ¿Cuántas pezuñas tienen en total 6 perezosos de tres dedos?

Problemas de resta

Resta. Escribe los números que faltan.

NOTA Los estudiantes restan una cantidad de otra.

MME **J20**

1. 10 − ☐ = 3

2. 10 − ☐ = 8

3. ☐ −  = 4

4. 10 − ______ = 

5. 10 − ☐ = 7

6. ☐ − 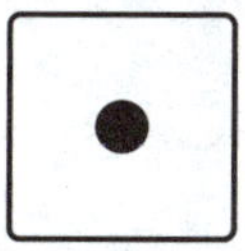 = 9

Nombre Fecha

¿Cuántos cuadrados? (página 1 de 2)

Los cuadrados de los grupos A y B vienen

solos en pares en tiras de 5

Encierra en un círculo el grupo de cuadrados que estás contando.

Grupo A **Grupo B**

Cuenta los cuadrados.
Anota cómo los contaste.

¿Cuántos cuadrados contaste? ________

Nombre Fecha

¿Cuántos cuadrados? (página 2 de 2)

Escritura

Los cuadrados de los grupos A y B vienen

solos en pares en tiras de 5

Encierra en un círculo el grupo de cuadrados que estás contando.

Grupo A **Grupo B**

Cuenta los cuadrados.
Anota cómo los contaste.

¿Cuántos cuadrados contaste? ________

Nombre Fecha

Problemas sobre grupos de 2, 4 y 5 (página 1 de 4)

Escritura

Resuelve cada problema. Muestra tu trabajo.

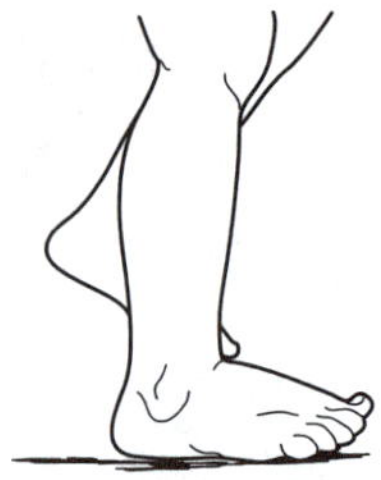

1. En mi familia hay 7 personas.
¿Cuántos pies hay?

2. En la parada de autobús hay 9 niños.
¿Cuántos pies hay?

Problemas sobre grupos de 2, 4 y 5 (página 2 de 4)

Escritura

Resuelve cada problema. Muestra tu trabajo.

3. En la cocina hay 2 niños.
¿Cuántos dedos hay?

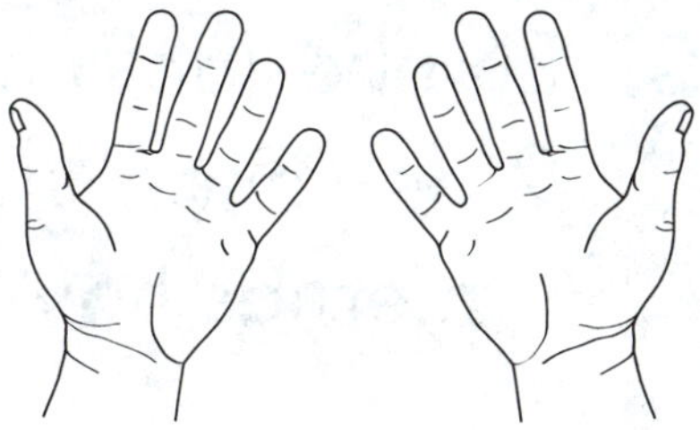

4. En la casa hay 4 niños.
¿Cuántos dedos hay?

Nombre Fecha

Problemas sobre grupos de 2, 4 y 5 (página 3 de 4)

Resuelve cada problema. Muestra tu trabajo.

5. En el establo hay 2 caballos y 2 personas. ¿Cuántas patas y piernas hay?

6. En el establo hay 2 caballos, 2 perros y 2 personas. ¿Cuántas patas y piernas hay?

Nombre Fecha

Problemas sobre grupos de 2, 4 y 5 (página 4 de 4)

Escritura

Resuelve cada problema. Muestra tu trabajo.

7. En el parque hay 2 perros y 4 personas. ¿Cuántas patas y piernas hay?

8. En la acera hay 3 perros y 2 personas. ¿Cuántas patas y piernas hay?

Nombre Fecha

Usar un calendario

Éste es un calendario para ti.
Completa el mes y las fechas.
Luego busca un lugar en tu casa para colgarlo.

NOTA Los estudiantes practican cómo anotar fechas y cómo hacer, leer y usar un calendario como un instrumento para llevar la cuenta del tiempo.

MME 17, 18, 19

____

Nombre del mes

Domingo	Lunes	Martes	Miércoles	Jueves	Viernes	Sábado

Días especiales ______________________________

____

____

Nombre Fecha

Tiras de conteo

Escribe los números que faltan en las tiras de conteo.

NOTA Los estudiantes practican cómo contar, escribir y establecer una secuencia de números.

MME 21–23

6	17	25	43
7	18	26	44
8	19	27	45

Nombre ____________ Fecha ____________

Contar cuadrados

Escribe cuántos cuadrados hay en cada grupo.

> **NOTA** Los estudiantes practican cómo contar y combinar cosas que vienen en grupos de 1, de 2, y de 5.
>
> MME 24–25

1. 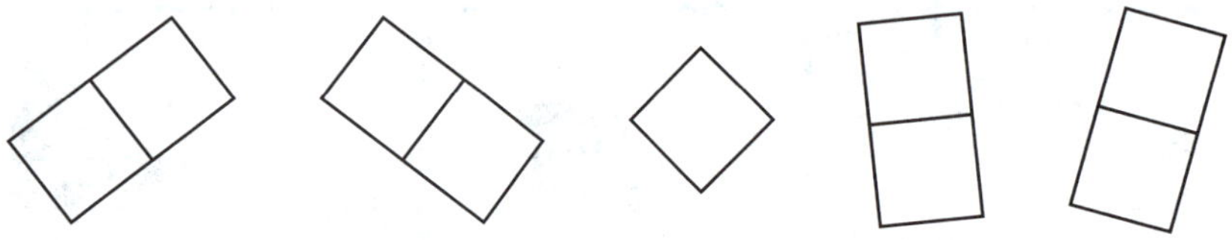 ____________

2. 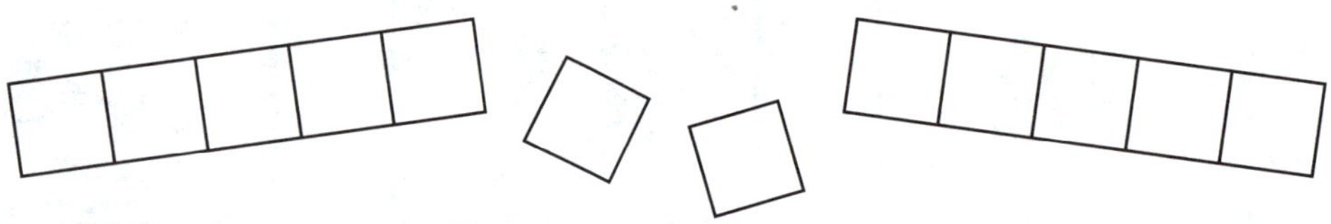 ____________

3. 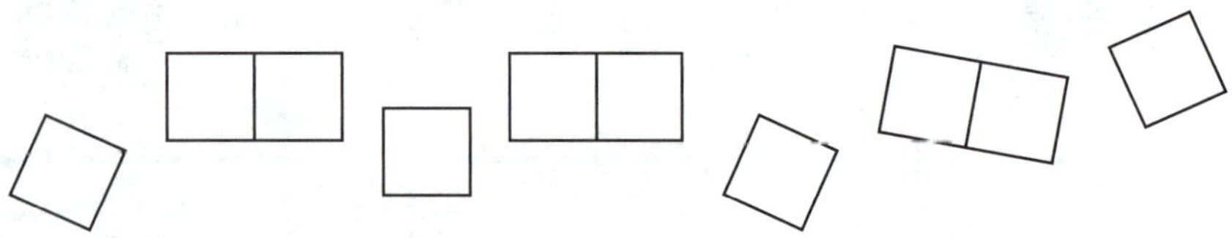 ____________

4. 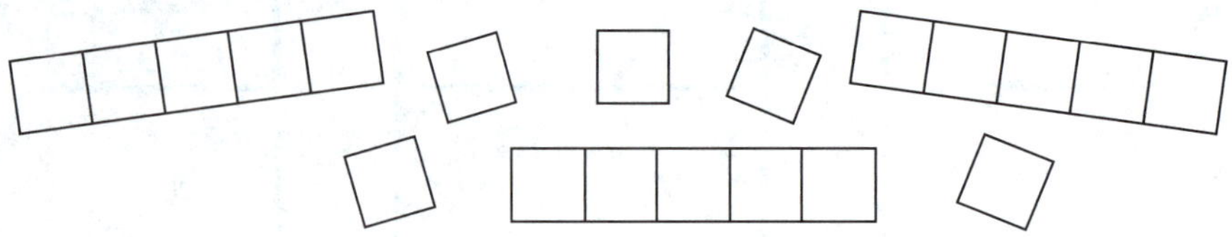 ____________

Repaso continuo

5. ¿Qué dados muestran una combinación de 10?

Ⓐ 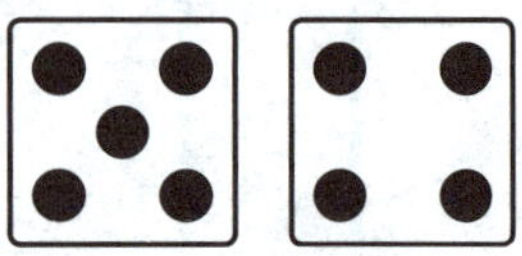

Ⓑ 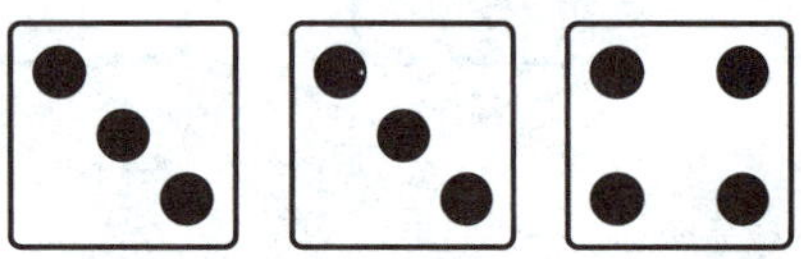

Ⓒ 

Ⓓ 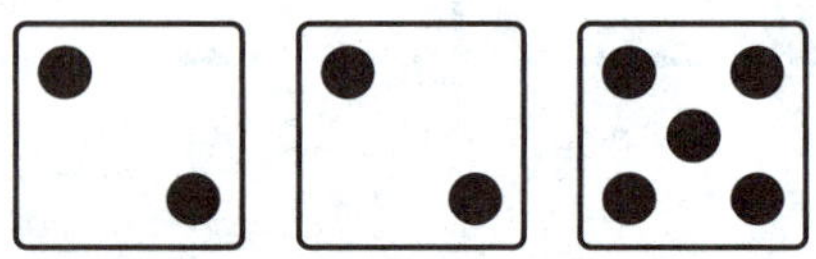

¿Cuántos pies?

Resuelve el problema. Muestra tu trabajo.

NOTA Los estudiantes usan lo que saben sobre grupos de 2 y de 4 para resolver un problema-cuento.

MME 24–25

1. En el parque hay 3 personas y 3 perros. ¿Cuántas patas y pies hay?

Repaso continuo

2. En un tronco hay 7 ranas. Luego saltan 5 más al tronco. ¿Cuántas ranas hay en el tronco ahora?

Ⓐ 14 Ⓑ 13 Ⓒ 12 Ⓓ 11

Diez más que se van

Imagina que estás jugando a *Diez que se van.* ¿Qué tarjeta pedirías para formar un total de 10? Haz un dibujo de esa tarjeta.

NOTA Los estudiantes practican cómo hallar combinaciones que forman 10.

MME 48–49, J23

Repaso continuo

¿Qué par de tarjetas tiene el total más grande?

Ⓐ 3 4

Ⓑ 5 5

Ⓒ 8 9

Ⓓ 7 6

Más tiras de conteo

Escribe los números que faltan en las tiras de conteo.

NOTA Los estudiantes practican cómo contar, escribir y establecer una secuencia de números.

MME 21–23

11	43	66	94
12	44	67	95
13	45	68	96

Nombre Fecha

Diez que se van en el hogar

Imagina que estás jugando a *Diez que se van.* ¿Qué tarjeta pedirías para formar un total de 10? Haz un dibujo de esa tarjeta.

NOTA Los estudiantes practican cómo hallar combinaciones que forman 10.

MME 48–49, J23

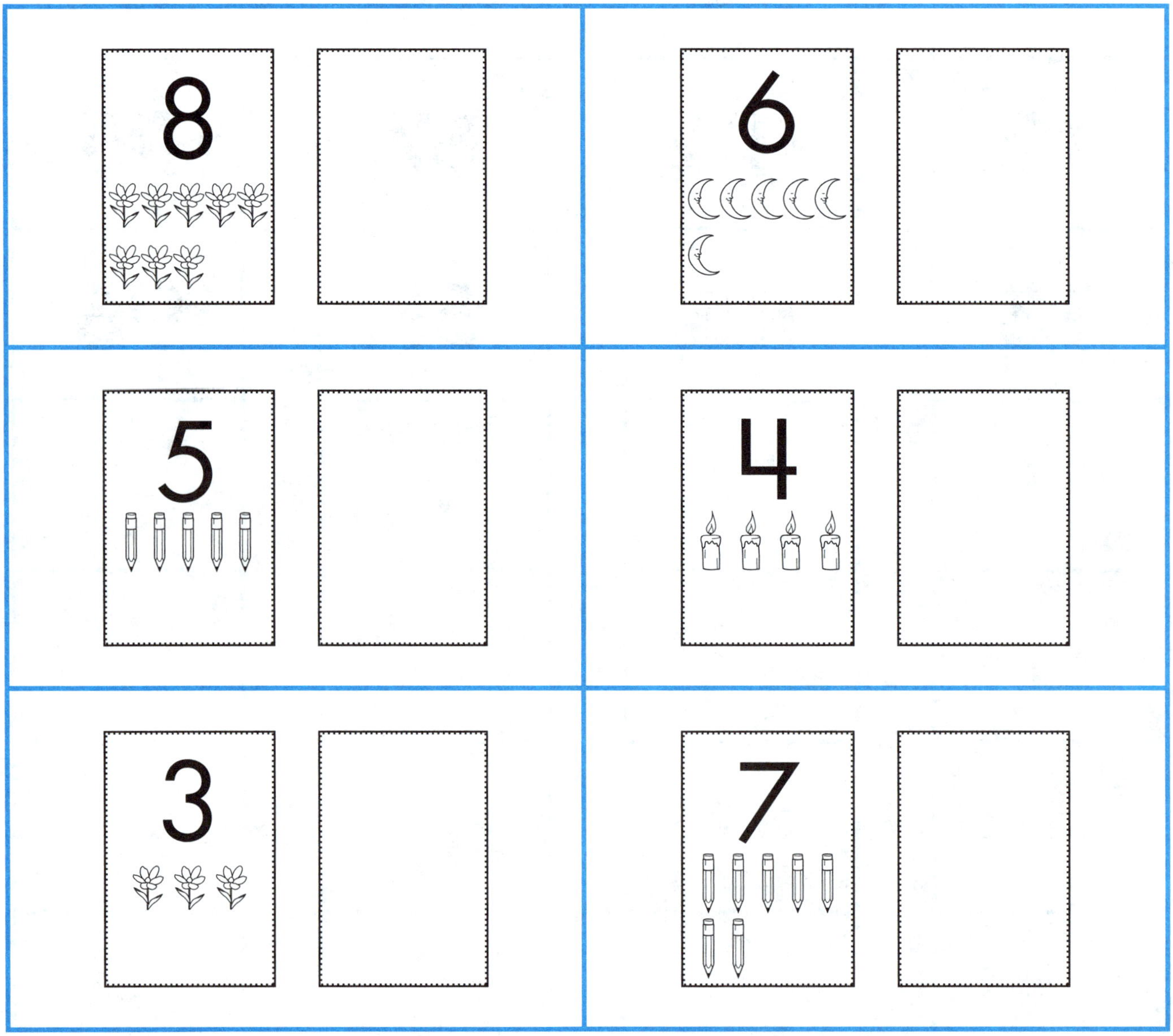

Nombre Fecha

Grupos de dos, de cinco y de diez

Práctica diaria

¿Qué falta?

NOTA Los estudiantes practican cómo escribir números y trabajan ordenando los números del 1 al 100.

MME 27–29

Escribe los números que faltan en la tabla.

		3		5					10
					16		18		
21				25				29	
	32					37		39	
41		43		45					50
51					56		58		
	62	63						69	
		73	74			77			80
				85			88		
91	92				96			99	

Repaso continuo

Hay 10 fichas en total. ¿Cuántas fichas hay debajo del vaso?

Ⓐ 4 Ⓑ 5 Ⓒ 6 Ⓓ 7

Nombre Fecha

Cara o cruz

NOTA Los estudiantes practican cómo contar y descomponer un número en dos partes (7 = 3 + 4).

MME **J13**

Imagina que estás jugando a *Cara o cruz.* Completa la tabla para cada partido.

Número total: ______

Cara	Cruz

5	**5**

Número total: **12**

Cara	Cruz

	7

Número total: ______

Cara	Cruz

9	**2**

Número total: **10**

Cara	Cruz

3	

Número total: **11**

Cara	Cruz

8	

Número total: **10**

Cara	Cruz

	4

¿Cuántos dedos? 2

Resuelve el problema. Muestra tu trabajo.

NOTA Los estudiantes usan lo que saben sobre grupos de 10 para resolver un problema-cuento.

MME 24–25

1. En la cocina hay 4 niños.
¿Cuántos dedos hay?

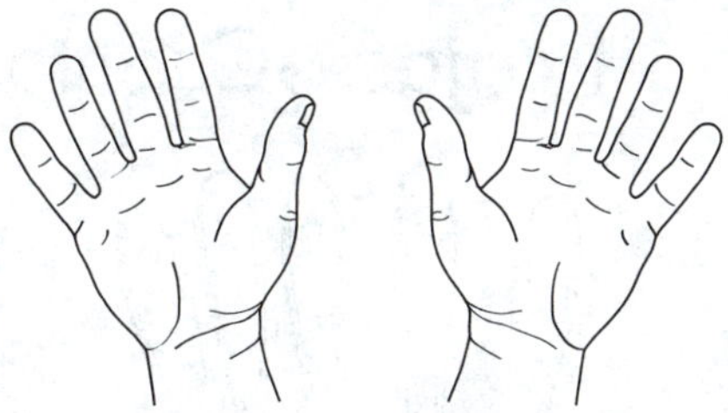

Repaso continuo

2. En el lago hay 11 patos.
4 se van volando.
¿Cuántos patos quedan en el lago?

Ⓐ 4　Ⓑ 5　Ⓒ 6　Ⓓ 7

¡Un cartel divertido!

(página 1 de 2)

NOTA Los estudiantes resuelven problemas de la vida diaria.

MME 24–25

Imagina que tu clase está haciendo un cartel. Tu maestro tiene algunos útiles para ti y tus compañeros.

1. Hay 5 pinceles en una caja. Él tiene 4 cajas. ¿Cuántos pinceles tiene?

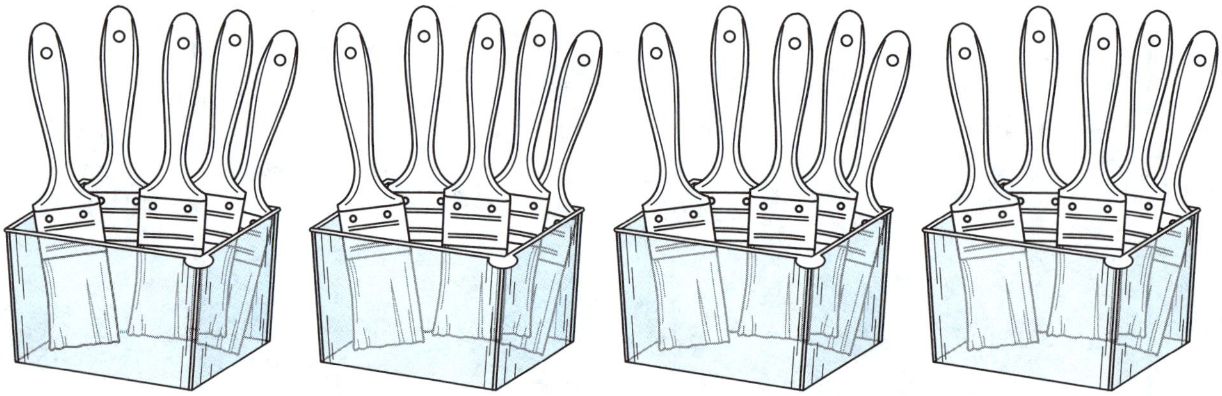

2. Hay 2 frascos de pintura en una caja. Él tiene 10 cajas. ¿Cuántos frascos de pintura tiene?

Nombre Fecha

¡Un cartel divertido! (página 2 de 2)

3. Hay 10 tijeras en una caja. Él tiene 2 cajas de tijeras. ¿Cuántas tijeras tiene?

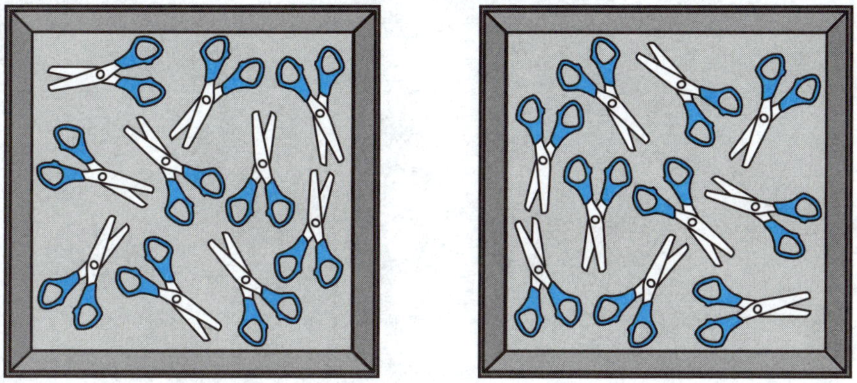

4. Hay 5 botellas de pegamento en una caja. Él tiene 5 cajas de pegamento. ¿Cuántas botellas de pegamento tiene?

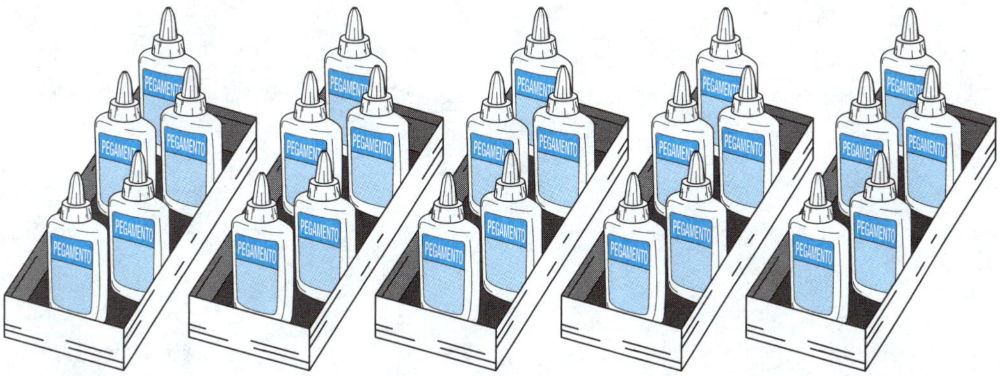

Spiral to Infinity Steve Allen

"Fractal images are often made up of small images-within-images, constantly repeating and going smaller and smaller." – Steve Allen

Cuaderno de actividades

Bloques y cajas **UNIDAD 9**

Investigations

IN NUMBER, DATA, AND SPACE®
en español

Bloques y cajas

Investigación 1

Investigación 2

Nombre Fecha

Práctica de resta

Rellena el espacio en blanco.

NOTA Los estudiantes restan una cantidad de otra.

MME J20

1. 8 − 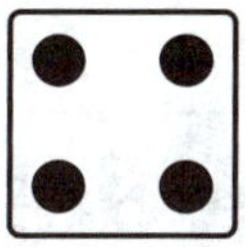 = ______

2. ______ = 10 − 

3. 9 − ☐ = 6

4. ______ = 10 − 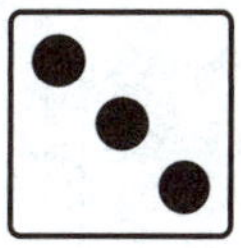

5. ☐ −  = 7

6. 10 − ☐ = 8

Nombre Fecha

Calendario

Éste es un calendario para ti. Completa el mes y las fechas. Luego busca un lugar en tu casa para colgarlo.

NOTA Los estudiantes practican cómo anotar fechas y cómo hacer, leer y usar un calendario como un instrumento para llevar la cuenta del tiempo.

MME **17, 18, 19**

____

Nombre del mes

Domingo	Lunes	Martes	Miércoles	Jueves	Viernes	Sábado

Días especiales ______________________________

____

Huellas misteriosas

NOTA Los estudiantes aprenden sobre los atributos de un objeto tridimensional trazando una silueta bidimensional de una de sus caras.

MME 89

Busca una o dos cosas en casa que tengan una figura especial. Dibuja la "huella" (o silueta) de cada figura, trazando alrededor de ella. Lleva tus dibujos a la escuela.

No escribas los nombres de los objetos en tus dibujos. La clase intentará adivinar cuáles son tus objetos.

Más huellas misteriosas

NOTA Los estudiantes emparejan siluetas bidimensionales con objetos tridimensionales.

MME 89

Escribe el objeto misterioso para cada huella misteriosa.

1. 

____

2. 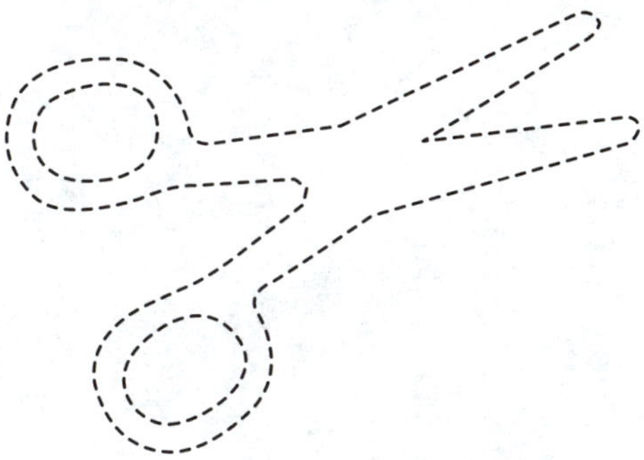

____

3. 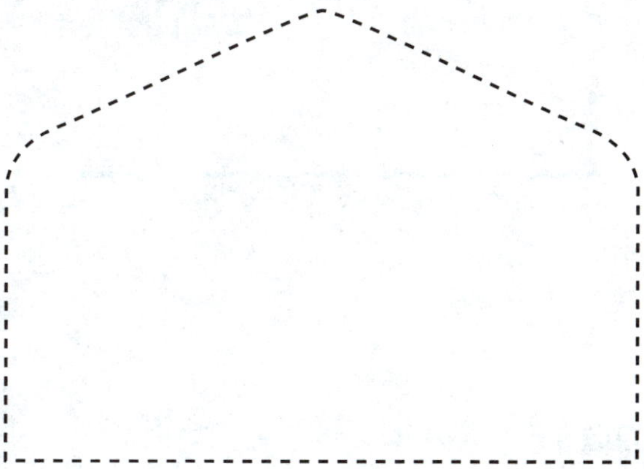

____

Repaso continuo

4. ¿Cuántas sillas más se necesitan?

Personas	Sillas
12	10

Ⓐ 12 Ⓒ 3

Ⓑ 10 Ⓓ 2

Contar los pies

> **NOTA** Los estudiantes usan lo que saben sobre grupos de 2 y de 4 para resolver un problema-cuento.
>
> MME 24–25

La familia de Sam fue a dar un paseo. Fueron 5 personas y 2 perros. ¿Cuántos pies y patas había?

Resuelve el problema. Muestra tu trabajo.

Repaso continuo

En el frasco de conteo hay algunas cuentas. Hay más de 10 cuentas. ¿Cuántas cuentas podría haber en el frasco?

Ⓐ 13

Ⓑ 10

Ⓒ 9

Ⓓ 5

Nombre Fecha

Hallar esa figura

Observa cada Geoblock. Encierra en un círculo el objeto que tenga la misma figura que el Geoblock.

NOTA Los estudiantes piensan en las figuras de los objetos de la vida diaria y cómo se comparan con los Geoblocks con los que hemos estado trabajando en la escuela. Además, por favor, ayude a su niño(a) a buscar y envolver una caja misteriosa para llevar a la escuela y usarla en una próxima actividad de matemáticas.

MME **83, 85**

1. 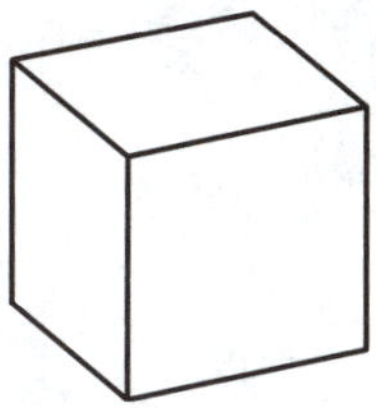

2. 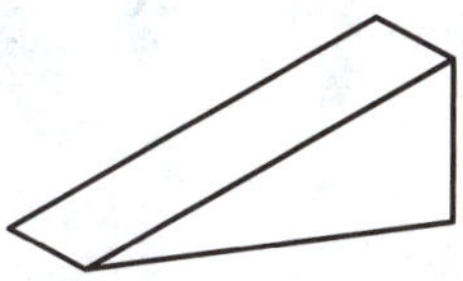

Hallar esa figura

(página 2 de 2)

3.

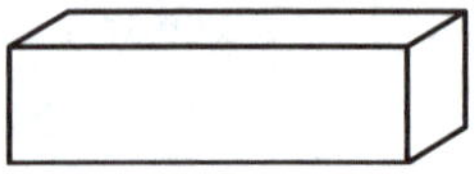

4.

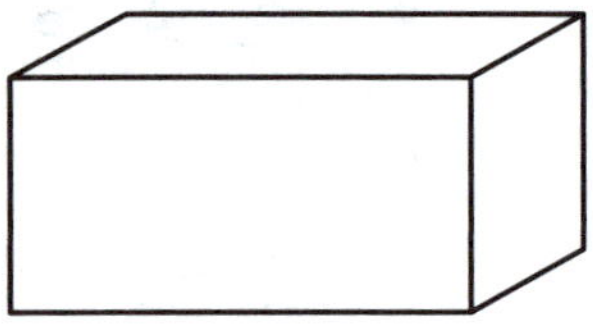

5.

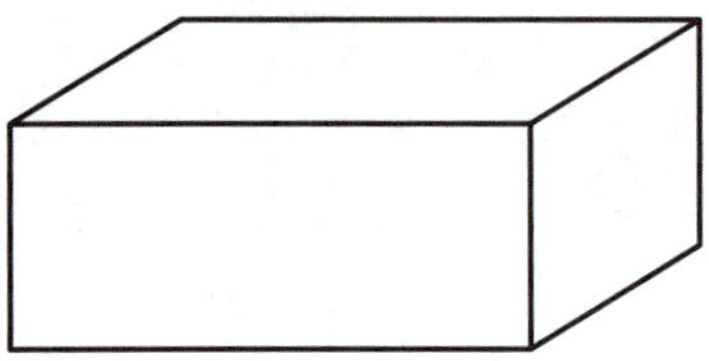
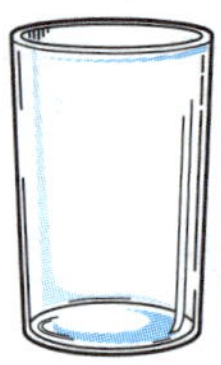
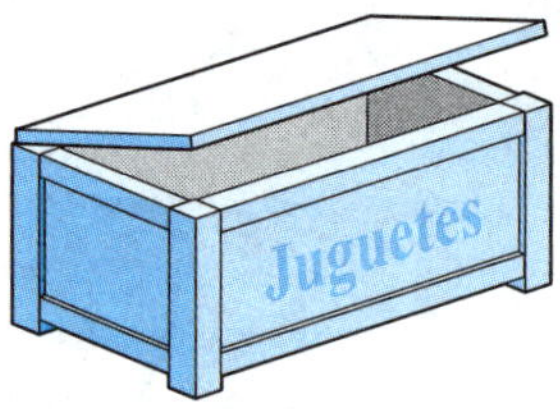

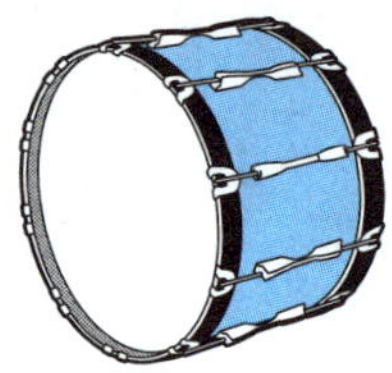

Nombre Fecha

¿Coinciden?

NOTA Los estudiantes emparejan figuras bidimensionales con las caras (o lados) de Geoblocks tridimensionales.

MME 86

¿El dibujo coincide con la oración?
Si **coincide,** encierra el dibujo en un círculo. Si **no coincide,** tacha el dibujo.

1. Tengo un lado con forma de **triángulo.** 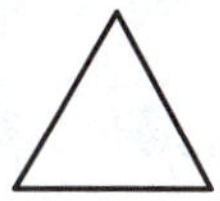

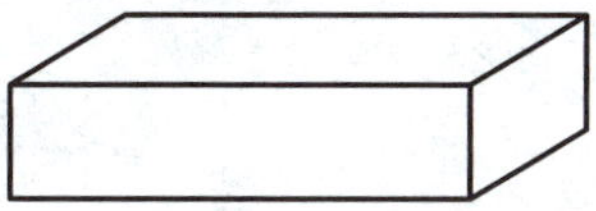 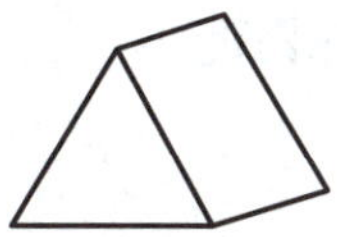

2. Tengo un lado con forma de **rectángulo.** 

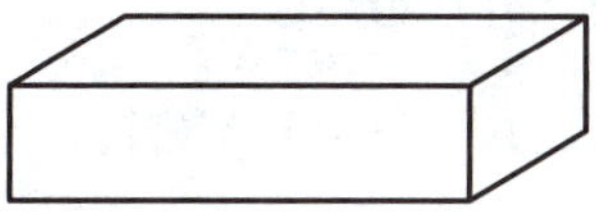 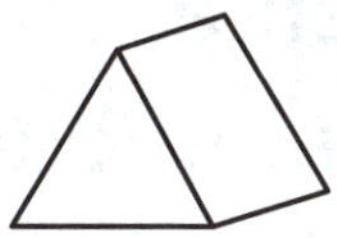

3. Tengo un lado con forma de **cuadrado.** 

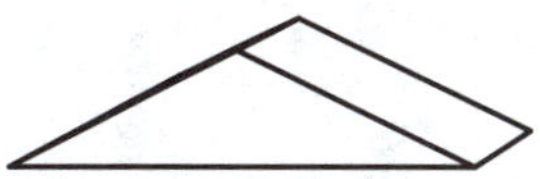 

Repaso continuo

4. ¿Qué grupo de abajo muestra más frijoles que este grupo?

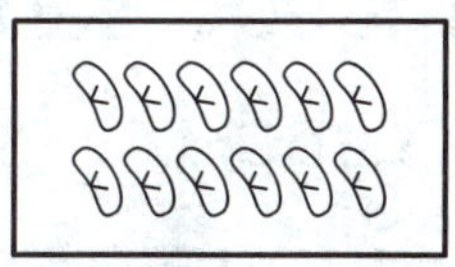

(A) 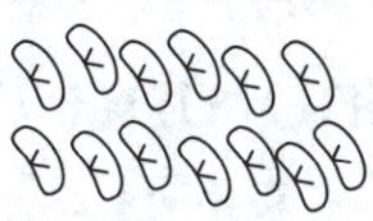

(C) 

(B) 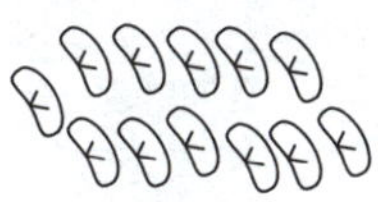

(D) 

Objetos misteriosos

Objetos misteriosos es como Bloques en un calcetín. Juega a este juego con alguien de tu casa.

NOTA Los estudiantes practican cómo identificar objetos tridimensionales al tacto, prestando atención a características importantes de objetos tridimensionales, como el tamaño y la forma. Además, por favor, ayude a su niño(a) a buscar y envolver una caja misteriosa para llevar a la escuela y usarla en una próxima actividad de matemáticas.

MME **86, 87, 88**

Necesitas:

- 5 objetos pequeños diferentes (2 de cada uno)
- 1 calcetín

Cómo se juega:

1. Pon uno de cada objeto en el calcetín. Pon uno de cada objeto fuera, donde todos los puedan ver.
2. El jugador 1 señala uno de los objetos.
3. El jugador 2 mete la mano sin mirar en el calcetín e intenta hallar el correspondiente, sintiendo los objetos del calcetín.
4. Después de jugar, escribe en una hoja de papel sobre lo que hiciste. Di qué objetos usaste.

Variaciones:

Para que el juego sea más fácil, elige objetos que sean muy diferentes, como un crayón, una moneda de 1¢, un dado, un carro de juguete y un clip. Para que el juego sea más difícil, elige objetos que sean parecidos, como una moneda de 1¢, una moneda de 10¢, una moneda de 5¢, la tapa de una botella y una ficha de damas.

Cara o cruz

Imagina que estás jugando a *Cara o cruz*. Completa la tabla para cada partido.

NOTA Los estudiantes practican cómo contar y descomponer un número en 2 partes (7 = 3 + 4).

MME J13

Número total: ________

Cara	Cruz

10	0

Número total: 15

Cara	Cruz

	7

Número total: 10

Cara	Cruz

	4

Número total: ________

Cara	Cruz

6	5

Número total: 15

Cara	Cruz

5	

Número total: 10

Cara	Cruz

	2

Cajas de cubos

NOTA Los estudiantes comparan y relacionan el tamaño y la figura de objetos tridimensionales con el tamaño y la figura de varias cajas.

MME 83

Empareja cada caja con el objeto que quepa **mejor** en la caja.

1. 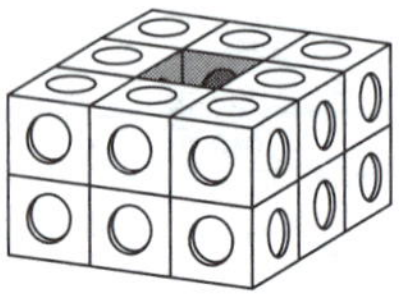

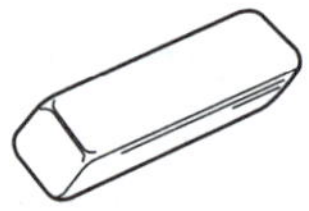

2. 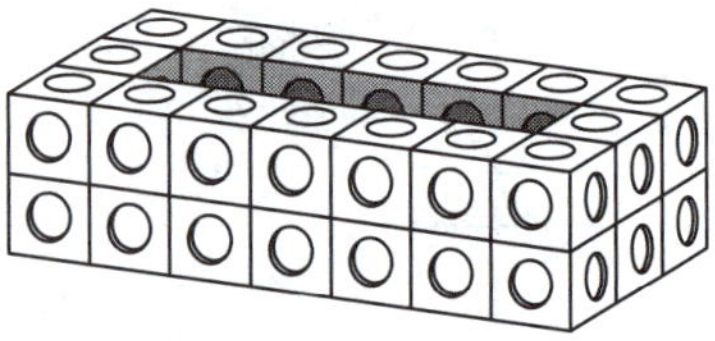

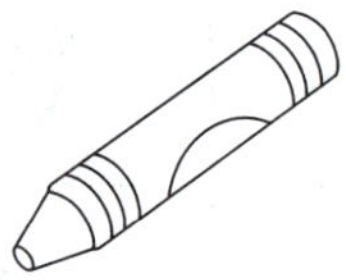

3. 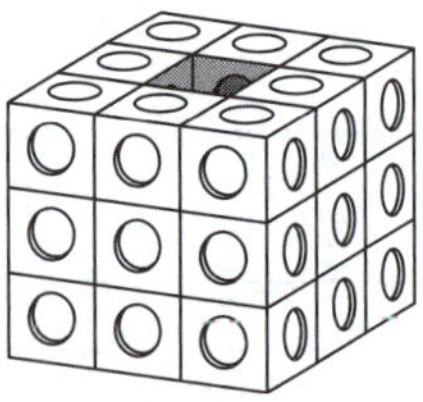

4. 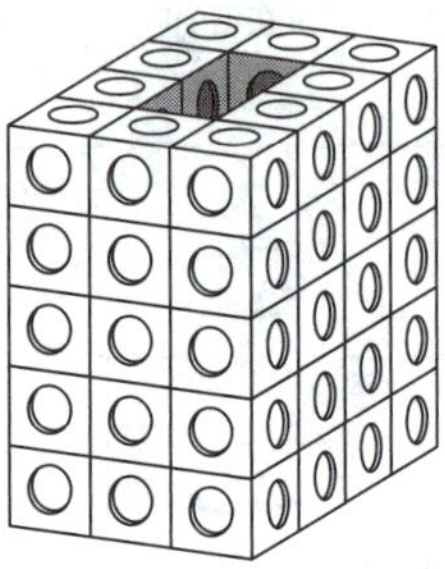

Repaso continuo

No están presentes hoy
Carol
Leah
Toshi

5. En la clase hay 23 niños. Tres niños **no** están presentes hoy. ¿Cuántos niños **están** presentes hoy?

Ⓐ 26 Ⓑ 23 Ⓒ 21 Ⓓ 20

Nombre Fecha

Números que faltan, 1

Escribe los números que faltan en las tiras de conteo.

NOTA Los estudiantes practican cómo contar, escribir y establecer una secuencia de números.

MME 21–23

8	16	37	54
9	17	38	55
10	18	39	56

¿Qué falta?

Completa con los números que faltan.

NOTA Los estudiantes practican cómo escribir y establecer una secuencia de números del 1 al 100.

MME 27–29

1			4					9	
		13				17			
	22				26				30
31			34				38		
					46	47		49	
	52			55				59	60
61			64						
		73		75			78		
	82					87		89	
		93	94			97	98		

Nombre Fecha

Dibujar un edificio

Escritura

NOTA Los estudiantes identifican figuras en situaciones de la vida diaria y las dibujan.

MME 83, 84

Piensa en un edificio que hayas visto.
Puede ser un edificio cerca de tu casa
o un edificio que hayas visto en otro lado.

Trata de pensar en un edificio que tenga una forma interesante. Dibuja el edificio. Si tienes una foto del edificio, puedes pegarla aquí en vez de dibujarlo.

Escribe una o dos oraciones sobre el edificio.

____

____

____

____

Nombre Fecha

Sumar hasta 10

Imagina que estás jugando al juego de cartas *Diez que se van.* ¿Qué carta pedirías?

NOTA A los estudiantes se les da un número y determinan qué número tienen que sumar para formar un total de 10.

MME 48–49, J23

1. 7

2. 6

3. 5

4. 1

5. 2

6. 4

Nombre Fecha

Problema-cuento sobre grupos de 10

Hay 7 personas en la clase.
¿Cuántos dedos de los pies hay?

NOTA Los estudiantes usan lo que saben sobre grupos de 10 para resolver un problema-cuento.

MME 24–25

Resuelve el problema. Muestra tu trabajo.

Números que faltan, 2

Escribe los números que faltan en las tiras de conteo.

NOTA Los estudiantes practican cómo contar, escribir y establecer una secuencia de números.

MME **21–23**

15	**23**	**75**	**97**
16	**24**	**76**	**98**
17	**25**	**77**	**99**

Nombre Fecha

Práctica de suma y resta

Rellena el espacio en blanco.

NOTA Los estudiantes usan la suma o la resta para hallar el total o el sumando que falta.

MME J19

1.  + 9 = ______

2. 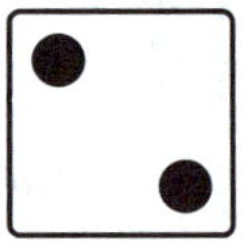 + 12 = ______

3. ☐ + 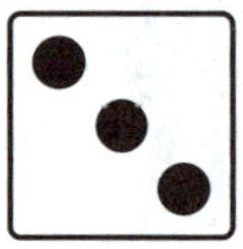 = 14

4.  + 8 = ______

5. 7 + ☐ = 15

6.  + ☐ = 13

Más huellas

Mira la huella. Encierra en un círculo el Geoblock que haga esa huella.

NOTA Los estudiantes hallan bloques que tengan caras (lados) que correspondan con las siluetas dadas (huellas).

MME 90

1.

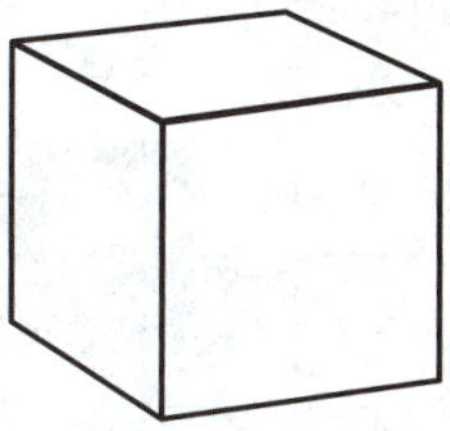

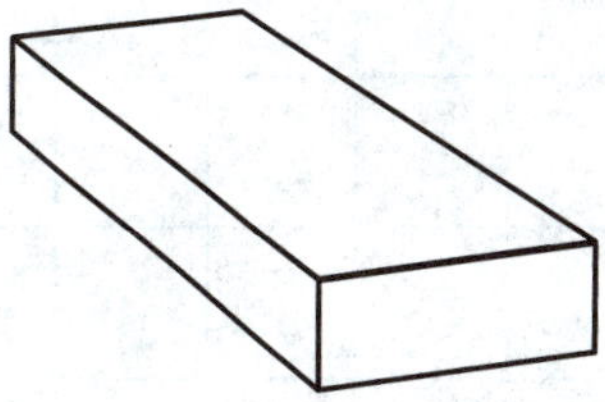

2.

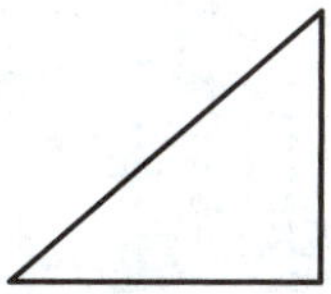

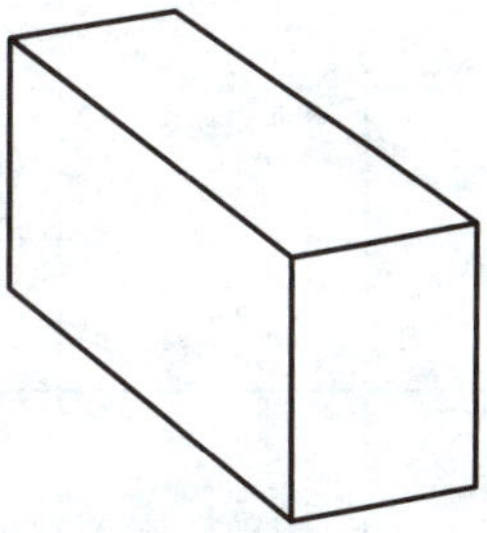

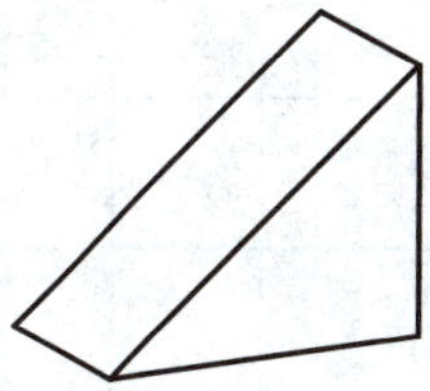

3.

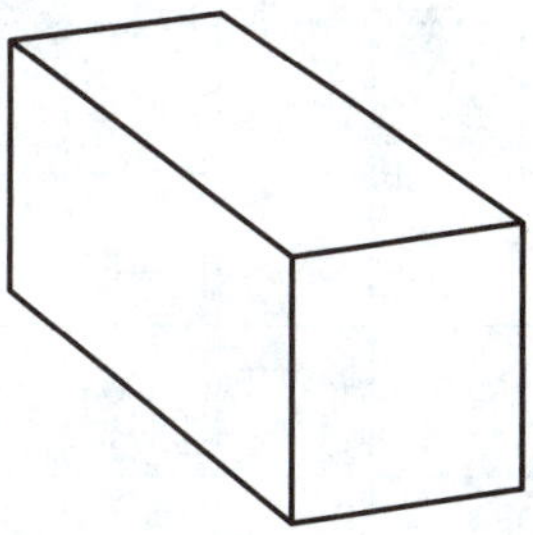

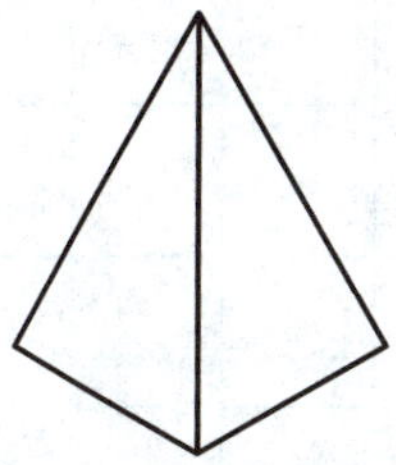

4.

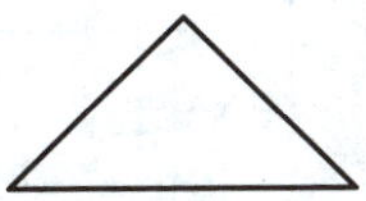

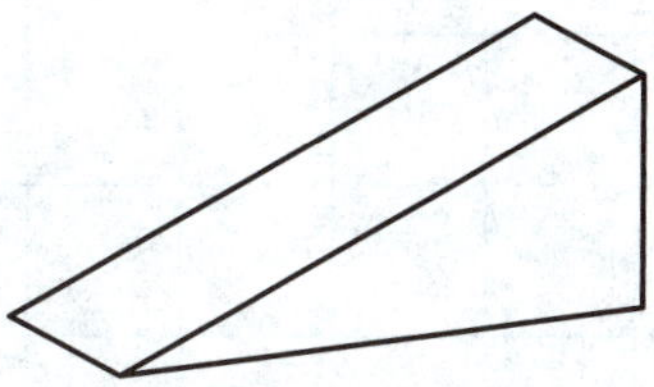

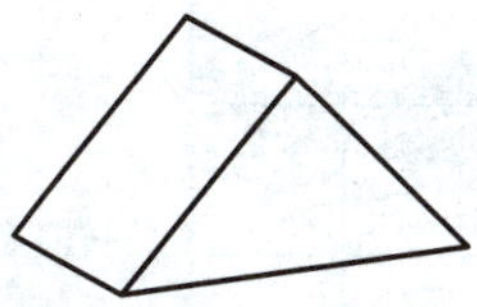

Nombre Fecha

Seguir indicaciones

> **NOTA** Los estudiantes practican cómo seguir indicaciones y doblar para seguir un recorrido particular. Los estudiantes también practican la secuencia de conteo del 1 al 25.
>
> **MME** 21–23

1. Jack y Jill van a jugar al beisbol. Ayúdalos a seguir las indicaciones para llegar a la cancha.

Indicaciones: Empieza contando en el 1. Cuenta hasta 25. Dibuja el recorrido de Jack y Jill.

1	2	11	6	20	8	17	12
12	3	4	2	19	23	5	1
5	15	5	1	9	10	18	15
10	12	6	7	8	11	24	6
22	3	19	14	13	12	2	14
7	21	16	15	6	21	22	23
16	13	17	18	19	20	9	24
9	4	7	5	11	8	10	25

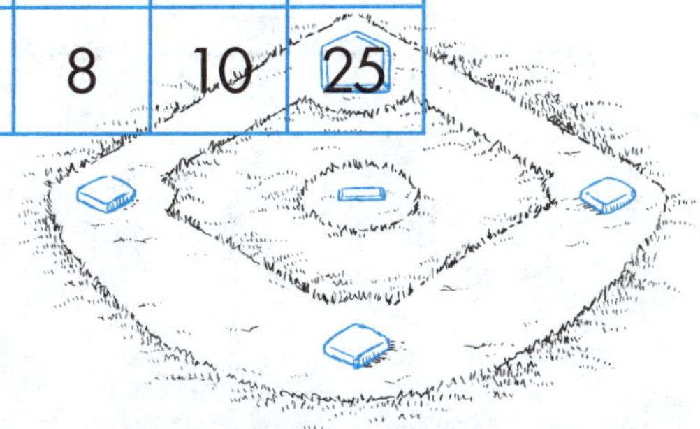

Repaso continuo

2. ¿Qué tarjetas están en orden, de **menor** a **mayor?**

Ⓐ 3 5 4

Ⓑ 7 5 3

Ⓒ 6 8 10

Ⓓ 2 4 1

Nombre Fecha

¿Dónde estás? (página 1 de 4)

Usa este mapa para contestar las preguntas de la siguiente página.

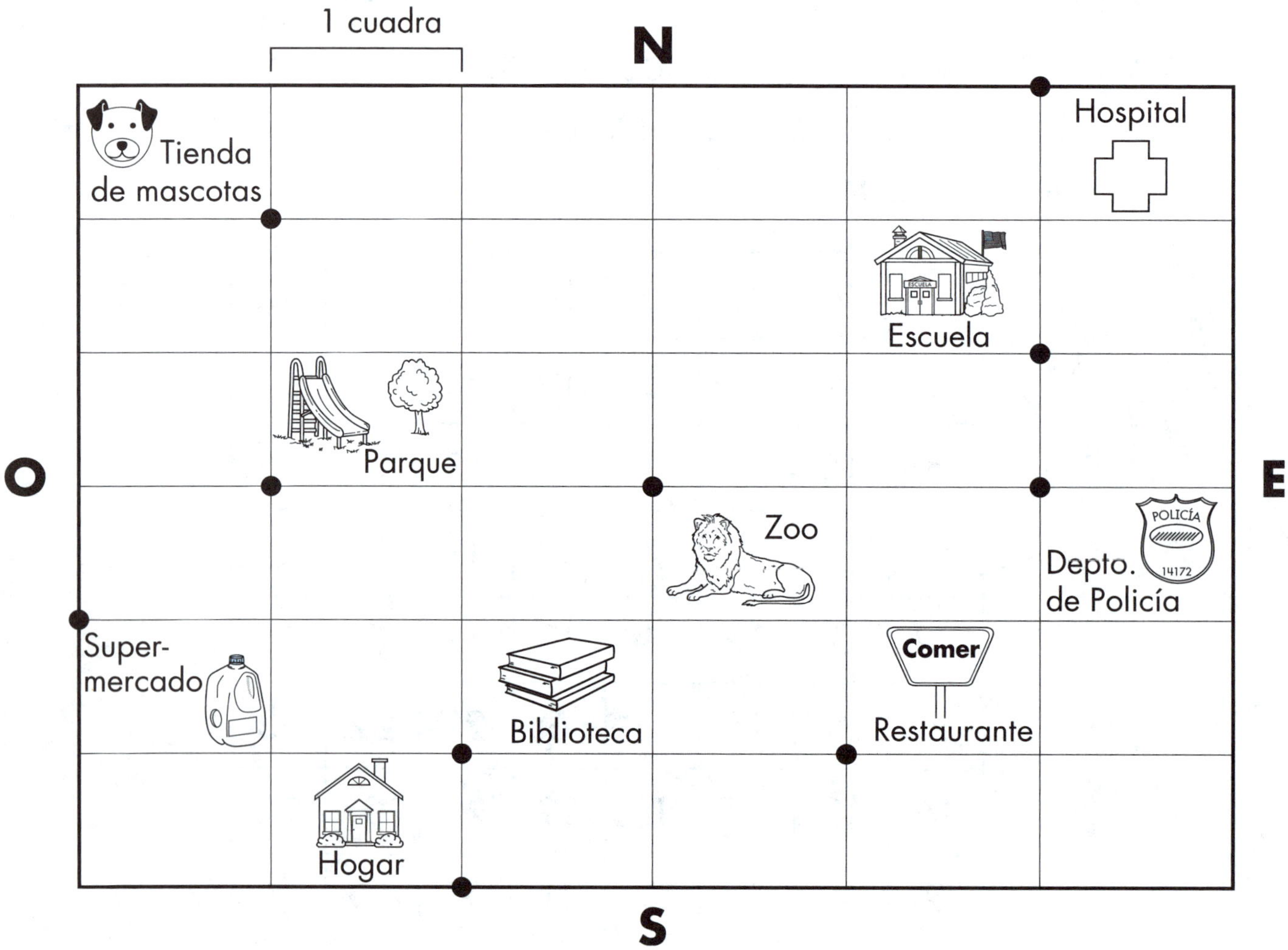

Nombre Fecha

¿Dónde estás? (página 2 de 4)

1. Empieza en la tienda de mascotas. Dobla al este. Camina derecho 4 cuadras. Dobla al sur. Camina derecho 1 cuadra. ¿Dónde estás?

____

2. Empieza en la biblioteca. Dobla al norte. Camina derecho 2 cuadras. Dobla al oeste. Camina derecho 1 cuadra. ¿Dónde estás?

____

3. Empieza en el hospital. Dobla al sur. Camina derecho 3 cuadras. Dobla al oeste. Camina derecho 5 cuadras. Dobla al sur. Camina derecho 1 cuadra. ¿Dónde estás?

____

4. Empieza en la escuela. Dobla al oeste. Camina derecho 3 cuadras. Dobla al sur. Camina derecho 4 cuadras. ¿Dónde estás?

____

Nombre Fecha

¿Dónde estás? (página 3 de 4)

Usa este mapa para contestar las preguntas.

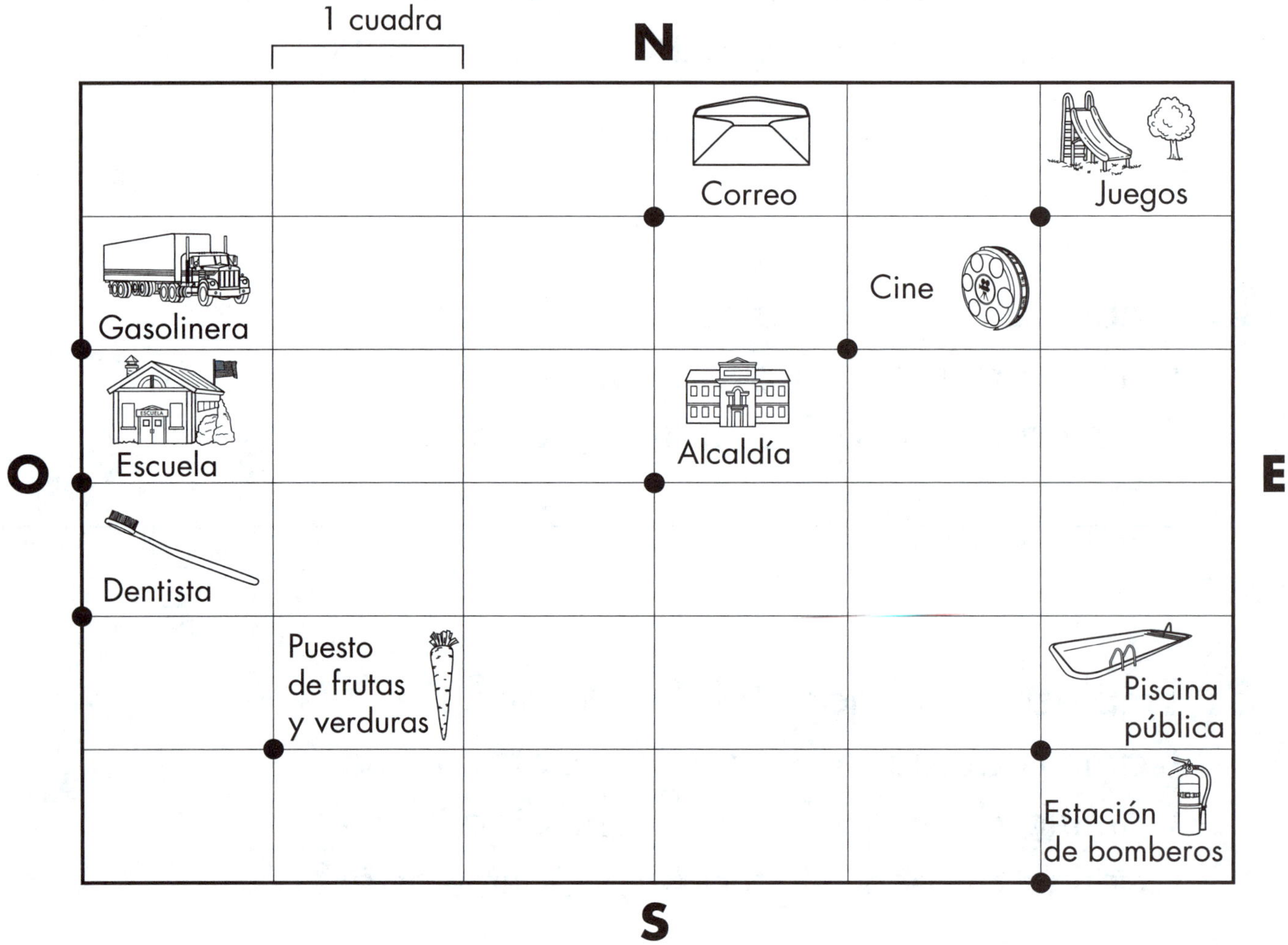

Nombre Fecha

¿Dónde estás? (página 4 de 4)

1. Empieza en la alcaldía. Dobla al oeste. Camina derecho 3 cuadras. Dobla al sur. Camina derecho 1 cuadra. ¿Dónde estás?

____

2. Empieza en el cine. Dobla al sur. Camina derecho 3 cuadras. Dobla al este. Camina derecho 1 cuadra. ¿Dónde estás?

____

3. Empieza en la estación de bomberos. Dobla al norte. Camina derecho 5 cuadras. Dobla al oeste. Camina derecho 2 cuadras. ¿Dónde estás?

____

4. Empieza en el puesto de frutas y verduras. Dobla al este. Camina derecho 2 cuadras. Dobla al norte. Camina derecho 4 cuadras. Dobla al este. Camina derecho 2 cuadras. ¿Dónde estás?

____

Nombre Fecha

Dar indicaciones

Usa el mapa para escribir las indicaciones para ir de un lugar a otro.

NOTA Los estudiantes determinan y anotan cómo ir de un lugar a otro contando cuadras y doblando en diferentes direcciones.

MME 92

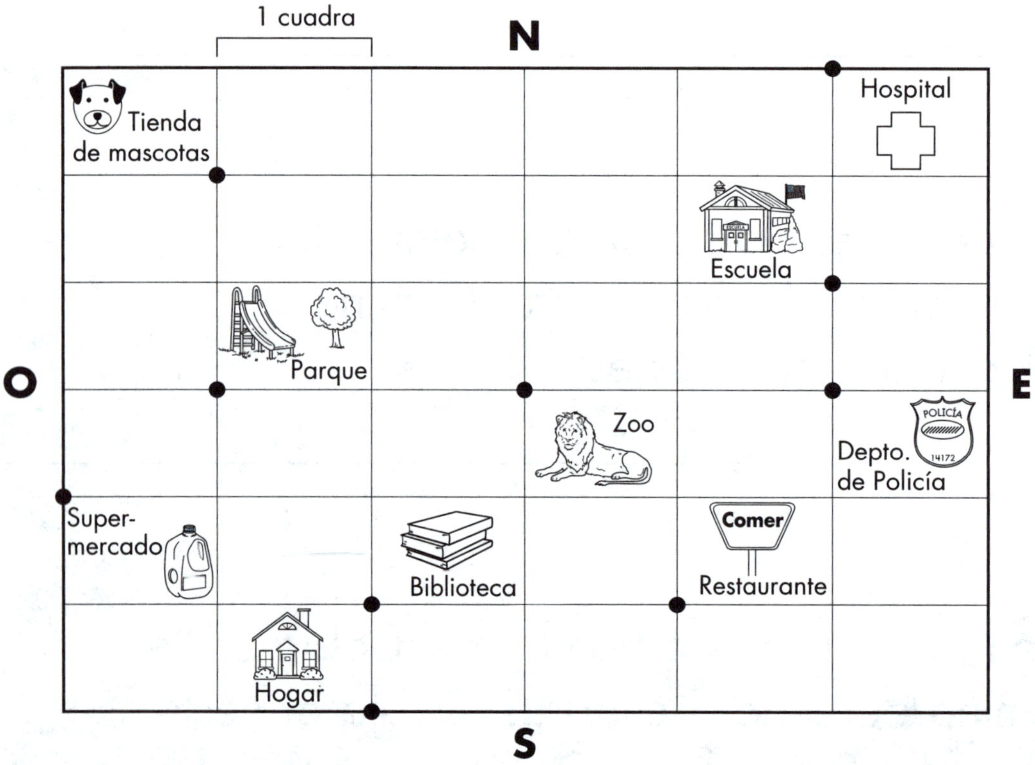

Ejemplo: Para ir de la tienda de mascotas (Tienda de mascotas) al departamento de policía (Depto. de Policía): Empieza en la tienda de mascotas. Dobla al este. Camina derecho 4 cuadras. Dobla al sur. Camina derecho 2 cuadras.

1. Da indicaciones para ir de la biblioteca (Biblioteca) a la escuela (Escuela). ______________________

2. Da indicaciones para ir del hogar (Hogar) al zoo (Zoo).

____

Pasos de robot

Escritura

NOTA Pídale a su niño(a) que le explique cómo hicimos esto en clase. Luego hagan los pasos de robot juntos.

MME 92

Para esta actividad se necesitan dos personas. Una persona da indicaciones. La otra persona es un robot que camina de un lugar a otro.

Elige un punto de partida y un punto de llegada. Puede ser en tu casa o afuera. Por ejemplo, podrías empezar en la mesa y terminar en la puerta de entrada.

El robot sólo puede hacer dos cosas: caminar derecho un cierto número de pasos o doblar. Un robot puede seguir indicaciones como éstas: Camina 4 pasos. Camina 5 pasos. Dobla hacia la mesa. Camina 6 pasos. Dobla hacia la puerta de entrada. Camina 8 pasos.

Un paso es la distancia de un paso normal.

Intenta esto varias veces. Elige siempre un punto de partida y un punto de llegada antes de empezar. Túrnense para hacer de robot.

Escribe algunas oraciones sobre uno de tus recorridos.

Cajas misteriosas

Empareja cada grupo de piezas con la caja que podrían hacer.

NOTA Los estudiantes relacionan el tamaño y la figura de caras bidimensionales con el tamaño y figura de prismas rectangulares.

MME 89, 90

Grupo 1

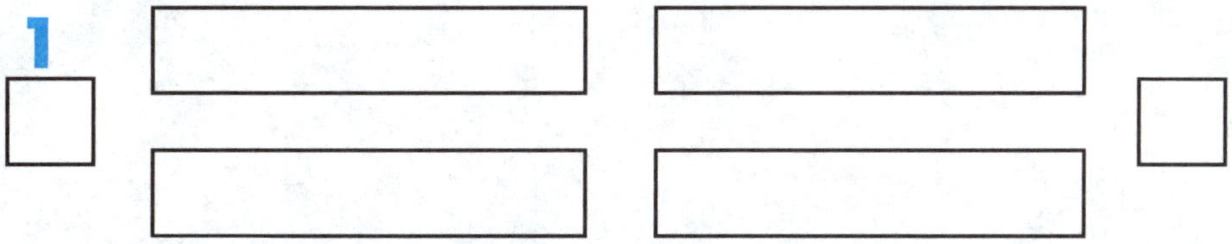

Grupo 2

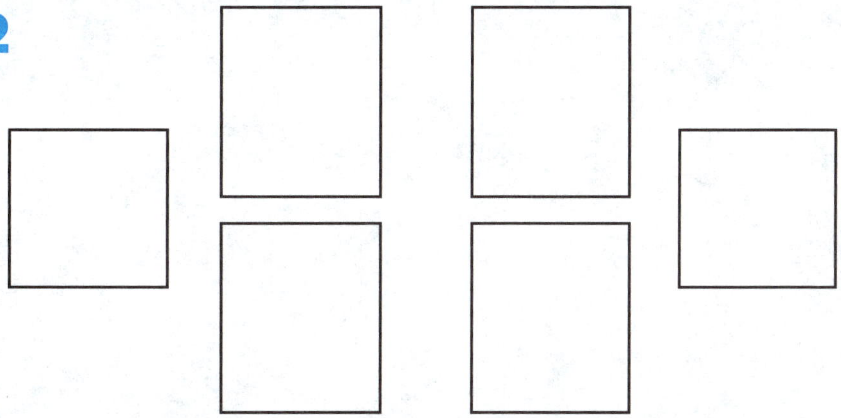

Grupo 3

Caja de pañuelos de papel 5 × 5 × 6	Caja de pasta dental 2 × 2 × 10	Caja de zapatos 5 × 5 × 12
________________	________________	________________